突破式沟通

实践篇

李海峰　李珂　徐珂　主编

華中科技大學出版社
http://press.hust.edu.cn
中国·武汉

图书在版编目（CIP）数据

突破式沟通. 实践篇 / 李海峰，李珂，徐珂主编. —武汉：华中科技大学出版社，2024. 2（2025. 9 重印）

ISBN 978-7-5772-0496-3

Ⅰ. ①突… Ⅱ. ①李… ②李… ③徐… Ⅲ. ①人际关系学-通俗读物 Ⅳ. ①C912. 1-49

中国国家版本馆 CIP 数据核字（2024）第 007542 号

突破式沟通 实践篇
Tuposhi Goutong Shijianpian

李海峰 李珂 徐珂 主编

策划编辑：沈 柳
责任编辑：陈 然
封面设计：琥珀视觉
责任校对：李 琴
责任监印：朱 玢
出版发行：华中科技大学出版社（中国·武汉） 电话：(027)81321913
武汉市东湖新技术开发区华工科技园 邮编：430223
录 排：武汉蓝色匠心图文设计有限公司
印 刷：湖北新华印务有限公司
开 本：880mm×1230mm 1/32
印 张：8
字 数：179 千字
版 次：2025 年 9 月第 1 版第 3 次印刷
定 价：55.00 元

本书若有印装质量问题，请向出版社营销中心调换
全国免费服务热线：400-6679-118 竭诚为您服务

序言1

买过我和李珂老师主编的《突破式沟通：困难沟通，有沟必通》的小伙伴，应该记得我们在封面上写的有难度的沟通对象：对立的部门、情绪化的同事、固执的下属、不讲理的客户、青春期的孩子……我们希望大家能和他们消除障碍，达成共识。

我们希望大家都能做到“困难沟通，有沟必通”。

为了这个目标，李珂老师和徐珂老师研发出“突破式沟通”版权课程，精华的内容被总结为335法则。

第一个“3”是安装三道防火墙。

关注效果而非道理，幼稚的人执着于对错，成熟的人看结果；关注意见而非冲突，幼稚的人觉得自己被他人针对，成熟的人看意见哪里不同；关注信念而非情绪，幼稚的人盯着红绿灯在那看，成熟的人根据指示走或者停。

第二个“3”是破解三个死角。

觉察和分辨出我们卡在哪里，卡在情绪、信念，还是身份。

第三个“5”是五步沟通策略。

“先跟后带”的五步沟通策略包括建立关系、厘清情绪、还原事实、发掘价值和找到方法。

带着这个框架，你再来看本书32位授权讲师的文章，你会更容易从案例走向实操，借鉴别人的故事经验，完成自己生活工作的改变。

这些文章大家不一定要按照我们的排版顺序阅读，可以根据自己感兴趣的主题有选择性地阅读。我们一直认为带着问题学习，效果往往更好。

我们也附上了各授权讲师的二维码，欢迎大家扫码联系，与讲师们做更深入的交流和互动。在条件允许的情况下，我们会邀请各授权讲师授课。

我们经常说开卷有益、沟通得法、实操落地、熟能生巧，相信阅读这本书的你，会一步步找到这些感觉。

李海峰

2023年12月23日

序言2

2015 年，我和徐珂老师在同时讲授心理学和沟通课程时发现，绝大多数沟通培训课程停留在理论层面，停留在解析并研讨“听、说、看、问”的能力，很难组合起来形成一种实用的沟通策略。也就是有很多的招式，但是没有办法打组合拳。同时，各类心理学对沟通心理和沟通行为有很多的研究，相关课程也谈到了背后的心理学原理，但市场上缺少一种以心理学为底层逻辑的、非常实用的、能应对困难场景的沟通技巧课程。例如，很多沟通课都谈到同理心，但 90％的人都没有正确理解同理心，不是理解成了同情心，就是理解成了“我理解你”，缺乏真正的同理心训练。在心理咨询师训练中用到的非常有效的同理心训练方法，很少会用在对一般人的沟通训练中。

因此，我俩研发了一套突破式沟通训练模型，称之为“突破式沟通的 335 密码”。该套训练模型从深层信念入手，通过心理练习形成三个有效的信念，我们称之为“三道防火墙”。接着训练关于沟通的三个基本功，即能够识别及破解沟通双方在情绪、信念、身份上的死角。在此基础上，将神经语言程式学（NLP）中的沟通技巧“先跟后带”拆解为实用的五步策略，从而让沟通训练变得既有深度又有可操作性。

8年来，突破式沟通版权课程已经获得了很多企业和商业讲师的认可。以蚂蚁集团为代表的大企业陆续引入突破式沟通的课程版权，作为其内部员工素质培训类课程。在全球华人圈，我们也授权了400多位华语商业讲师。这套课程所教授的方法，在团队管理、服务营销、家庭辅导、亲子沟通等方面都得到了非常好的应用。

2023年，在李海峰老师领导的DISC社群的支持下，我们出版了一本《突破式沟通：困难沟通，有沟必通》。同时，我们注意到，8年来，我们的400多位授权讲师在各个领域运用突破式沟通理论，收获了很多精彩的案例，总结了非常多的经验，我们将这些案例和经验进行了整理，写出这本《突破式沟通（实践篇）》给大家。本书涉及的实践场景包括服务沟通、教育、家庭和职场等。

在这些实践案例中，我们可以看到突破式沟通在不同场景里的巧妙应用。我相信仅仅是这些案例里的方法策略和话术，都会给您带来很多收获。

突破式沟通简介

对立的部门、情绪化的同事、固执的下属、不讲理的客户、青春期的孩子……沟通想取得突破，关键不是通过操控对方让对方接受差异，恰恰相反，是“求同存异”的过程。所以“先跟后带”是整个突破式沟通技巧的核心，即不断地“跟”对方，在跟的过程中找到共同价值，在共同价值下，“带”出不一定是你提的，也不一定是我提的，而是我们共同提出来的第三个解法。

但是仅仅理解这个理念还不足以应对各种沟通困难的场景。在沟通困难中，往往夹杂着非理性的情绪、卡在死角的深层信念，还有混乱或者错位的身份，这些本身就有应对的难度，而且就算我们调整好状态，想“跟”对方的时候，也没有能力读懂对方的内在状态、内在信念，想与对方共情也共情不了。所以我们需要一套训练方法让我们能够掌握这些相关的技能，真正提升沟通水平。

突破式沟通，把“先跟后带”拆分成一套易懂易操作的“335 密码”。

第一个“3”是三道防火墙，这个是“沟通内功”。

第二个“3”是识别并破解三个沟通死角，这个是“沟通基本功”。

“5”是五步沟通策略，这个是“沟通招式”。

我们可以通过下面这张表格快速地了解“335 密码”包含哪些主要内容。

突破式沟通模式解析

3	3 道防火墙 —— “沟通内功”	安装好防火墙，避免沟通中燃起冲突的“大火” 第一道防火墙：效果比道理更重要 第二道防火墙：没有冲突，只有不同观点 第三道防火墙：情绪是信念的投影
3	识别 3 个沟通死角—— “沟通基本功”	能够本能地觉察和判断沟通不畅卡在哪里，并且能够快速找出解决方法。三个最常见的沟通死角就是情绪、信念、身份

续表

5	"5"步沟通策略——"沟通招式"	采用五个步骤进行交流，完美解决沟通困难问题。这五步分别是： 第一步，建立关系。只有对方认可彼此有沟通关系，愿意听你说了再沟通，否则就不要轻易去沟通 第二步，厘清情绪。有情绪的时候，要先处理情绪，再处理问题。通过情绪觉察自己和他人的价值观 第三步，还原事实。区分事实与观点，在事实的基础上沟通 第四步，发掘价值。找出哪些价值是你们共同认可的 第五步，找到方法。在共同价值的基础上，找出彼此都接受的解决问题或者争议的方法

《突破式沟通（实践篇）》是对每一个密码的拆解和应对指南，如果需要详细了解这个模型，可以阅读《突破式沟通：困难沟通，有沟必通》，而本书的重点在实践，会围绕"335 密码"分析各种场景下的案例，带领大家在真实的场景中轻松掌握突破式沟通的技巧。

李珂

2023 年 11 月 27 日

序言3

在现代社会中，我们面临着各种各样的挑战和压力，而有效的沟通技巧则是我们突破困境、解决问题的关键。有时候，我们缺少的不是知识和能力，而是与别人进行真诚、高效的沟通。

作为一名培训师，拥有一门高质量的课程是至关重要的。然而，许多老师面临着时间和精力有限的问题，难以独立开发出优质课程。为了解决这一难题，我和李珂老师一起研发了一门名为“突破式沟通”的课程。作为突破式沟通课程的共同研发人，我不仅感受到了李珂老师的专业、严谨，更在课程开发和研讨过程中，真正体会到了突破式沟通的魅力。

在研发过程中，我们深入了解了人与人之间的交流与沟通，学习了如何在沟通中抓住重点、发现问题、提出解决方案。我们还了解了不同背景和文化下的沟通方式和习惯，这对于我们在不同情况下进行有效的沟通大有裨益。

最重要的是，我们还深入探讨了如何打破沟通中的僵局、化解冲突、建立信任和共识，这些技能对于解决我们日常生活中的矛盾和分歧都非常重要。

该课程基于心理学和沟通技巧，为老师们提供了丰富的教学内容和实用的教学方法。通过我们的版权课程，老师们将获得：

（1）精心设计的教材和教案——我们的教材和教案涵盖了每个教学环节，让老师们能够轻松掌握课程的核心内容；

（2）专业的培训支持——我们拥有一支经验丰富的培训师团队，为您提供全方位的培训和支持，确保您能够充分掌握课程的教学技能；

（3）创新的教学方法和工具——我们引入了多种先进的教学方法和工具，帮助老师们更好地激发学生的学习兴趣和提高学生的参与度。

通过参加我们的突破式沟通版权课程，老师们能够轻松教授沟通技巧，让学生受益匪浅。

为了更好地分享和传播，我们将这门课程编辑成书，分享给更多的读者。

《突破式沟通（实践篇）》是一本真正的沟通宝典，能让你成为真正的沟通高手！无论你是职场新人，还是资深职场人，都可以从本书中获得启示。现在就行动起来，打开这本书，掌握属于你的沟通秘诀！

通过阅读本书，读者将学会如何从细节中发现机遇、运用心理学原理提升对话效率、以倾听和表达为基础建立稳固的人际关系、用情绪和逻辑引导对话等核心技能。此外，书中还详细介绍了如何在不同场景下运用不同的沟通技巧，帮助你轻松应对各种复杂场景。

徐珂

2023 年 12 月 6 日

目录

第一章　服务沟通

口吃的我，通过突破式沟通成为演讲高手　/ 尘光 / 2

作为一个保险销售，突破式沟通让我所向披靡　/ 刘硕 / 9

销售的关键是取得客户的信任　/ 何成 / 14

销售与客户沟通时要有同理心　/ 俞立军 / 20

专业人士如何与客户轻松建立信任感?　/ 周红波 / 25

第二章　教育和家庭

帮助孩子走出手机世界　/ 雪娟 / 32

不会哭的婴儿　/ 魏徐红 / 40

如何安抚不满的客户　/ 高宏 / 47

唤醒孩子沉睡的学习能力和自信心　/ 冯子珺 / 53

孩子撒谎，怎么办?　/ 黎静 / 61

让爱流动的语言　/ 吴立新 / 70

让沟通成为爱的桥梁　/ 诺暄 / 78

怎么用突破式沟通与亲密的人谈钱 / 阮欣 / 82

“情”通“理”通，才有沟通！ / 邵慧 / 94

如何在婚姻关系中应用突破式沟通？ / 宋帆 / 100

学会这一招，生活中很多架都吵不起来 / 李瑞雪 / 107

突破式沟通让关系更亲密 / Sasa / 119

家校不对立，沟通有技巧 / 唐德美 / 127

亲密关系中的自我负责 / 高宣 / 134

第三章 投诉、抱怨的处理方法

如何面对突如其来的投诉 / 曹桂英 / 139

突破式沟通实现服务大反转 / 姜欢笑 / 152

用突破式沟通化解税务工作中的矛盾 / 毛丽娟 / 158

第四章 职场沟通

实现共同价值的有效突破——职场中有效沟通案例之跨部门沟通 / 周彦 / 167

突破式沟通让工作更顺利 / 徐贵阳 / 174

银行网点团队内部沟通案例 / 覃蔚隽 / 184

中层领导向下沟通的技巧 / 言阅 / 194

第五章 咨询和教练

自我沟通，自我教练，自我疗愈 / 张翠芬 / 203

突破式沟通教会我人生“三见” / 季旭 / 211

教练的沟通哲学 / 羊学姐 / 219

如何引导孩子正确地面对困境？ / 林锃 / 225

换一种身份开始新生活 / 朱红 / 232

做好身份定位，成就美好人生 / 李寒冰 / 239

第一章 服务沟通

尘光

突破式沟通授权讲师
通过演讲战胜口吃
终身自我迭代践行家

口吃的我，通过突破式沟通成为演讲高手

在日常生活中，我们都需要沟通，沟通是我们必不可少的技能。突破式沟通可以帮我们有效地解决自我情绪、价值、信念方面的问题。

我讲述自己的亲身经历。

我有过 14 年以上的口吃。因为口吃，我特别害怕跟人说话，导致每一次说话都需要很大的勇气。为什么跟人说话会那么紧张？明明话在脑子里已经想好了，但张开嘴就是说不出来，急得满脸通红。

越害怕说话越不敢说话，所以我慢慢地成了“社恐”，害怕在别人面前说话，这让我更内向和自卑了。

工作几年之后，我成了一个体重 180 多斤的胖子，加上口

吃，相亲失败了几十次。有一次跟父母争吵的时候，爸妈说：“你看××都买车买房了，你现在一事无成，没车没房子，还没有女朋友。”听到这句话，我被深深地刺痛了，感觉自己很没有用，快 30 岁了，还是一事无成。

2019 年 12 月，我在樊登读书上看到了即兴演讲的线上训练营，当时心想：自己能去学演讲吗？能通过演讲改善自己的口吃吗？心里虽然有些犹豫，但还是一狠心咬牙报了名。

结果第一天开营的时候，我却因为痔疮手术躺在了病床上，我心想：难道我第一天学演讲就这样？我是应该躺在病床上好好休息还是继续学习呢？我纠结得不行。

突然我发觉，自己纠结是不相信自己可以学好演讲这个信念在作祟。情绪是信念的投影，所有的情绪都受信念的影响。

想要改变信念，就要发掘内在价值，打破限制性信念，寻找更多的可能性。

突破式沟通里的意义换框法就特别适合用来突破局限性的信念。意义换框法是找出每一件负面事情背后的正面意义。

经过一番思索，我找出了躺在病床上学习的正面意义。

（1）有更多的时间去学习；

（2）可以打发躺在病床上的时间；

（3）从心理上减轻手术后的疼痛；

（4）可以开启演讲之旅；

（5）可以认识更多的朋友。

仔细数了一下，发现居然有 5 个正面意义，为什么不去尝试一下呢？

突破了信念的卡点，我整个人像卸下了千斤重担，轻松了很多，心情很激动，超级期待第 2 天的课程。

第 2 天，手术的麻药效果过去后，身体疼痛得不行。在剧痛中，我听到课程老师说："演讲是一项技能，是可以通过练习学会的技能。只要你努力练习，就可以掌握。"这句话神奇地减轻了我的疼痛，我开始沉浸在精彩的课程里。

听完课之后需要录制一段音频，我没有觉得躺在病床上录制音频很尴尬，相反，我很想去录制音频。

录制前，我跟周围的病友说："不好意思，耽误大家一分钟，我要录制一个音频的作业。"没想到，他们特别配合我，录制的时候都仔细听我说的内容，还夸我躺在病床上还在学习，我被夸得都不好意思了。

坚持打卡学习 14 天，其间有特别难的困扰了我好几个小时的作业，也有很适合自己、不到 30 分钟就写完的作业，我每天都有收获，很开心。

最后一次作业是让我们写对演讲的看法和学习心得，我是这样写的：

我一直认为演讲是一种天赋，自己掌握不了。

训练营里的小伙伴们每天为演讲付出的努力，是促使我在手术后坚持每天打卡的动力。现在回想起小伙伴们每天对我的鼓励和帮助，心里都暖暖的。

通过 16 天的学习和练习，我初步掌握了演讲的技巧，我认识到只要方法对，通过反复练习就可以掌握演讲这项技能。

既然演讲这项技能可以这样掌握，那么你也可以通过这样的方法掌握其他技能，你可以朝着自己心中的梦想去努力，你可以通过学习把自己心中所想的变为现实，你可以帮助更多的人，你的未来大有可为。

没想到，过了半个月，演讲训练营的工作人员蓓姐找到我说："有一个事情要跟您沟通一下，您最后一天的打卡作业，我们截了个图，打算放在第2期线上营课程里，作为第1期学员的反馈，您看可以吗?"

我当时心想：哇，我的作业居然被当成学员反馈了！特别开心。蓓姐还邀请我去当第2期线上营的学长，给大家点评作业，我欣然接受。

他们每个人的作业我都要听3—5遍，一边听一边拿着笔在笔记本上写他们的演讲中有哪些需要改进及提高的点，还要发语音点评。点评一份作业需要30分钟，一天要点评5份作业，至少需要2个半小时，这意味着晚上下班回来后，我别的什么事都不能做，只能点评学弟学妹们的演讲作业。

其间，我也想过每天花2个半小时去点评5份作业，很累，为什么不跟其他小伙伴一样，只点评1—3份作业呢？这个想法疯狂地在我脑海里滋生，某一天到晚上12点的时候，我还没有点评1份作业。

这时候，我觉察到自己的情绪出了问题，我发觉情绪背后的信念是不想花费这么长时间去做这件事。

既然知道了情绪背后的信念是什么，那就开始用意义换框法去寻找正面意义：

(1) 能提升演讲能力；

(2) 能认识更多的人；

(3) 能看到更多人的故事；

(4) 晚上有事做，不无聊。

有了这 4 个正面意义的支持，我的想法发生了改变，我喜欢上了点评演讲作业，并很期待每天点评作业。

过了几天，突然有学弟跟我说："学长，你点评作业很到位，我太喜欢了!"听到这句话，我有种被"点燃"的感觉，我已经可以帮助别人学习演讲了，这不就符合我对自己的期待吗?

我更加喜欢点评作业了，因为可以看到不一样的人和故事，看到学员们不一样的一面。就这样点评了 16 天，我发现自己 14 年的口吃居然意外地好了。

在第 2 期线上营，我作为学长点评了 158 份作业，还给学弟学妹们直播介绍了自己学习演讲的经验。后面学习了 TED 演讲、五顿的私教课。在五顿的私教课上，我录制了一个英雄之旅的视频，没想到意外地帮顿哥招收了几百名学员。在第 6 期线上营也点评了 150 多份作业。

回想起来，当初用意义换框法把病床上学习的正面意义挖掘了出来，才让我一路成长蜕变，改写了自己的人生。

芬芬在武汉打拼，做过红酒销售，开过红酒公司，在央企当过办公室主任，做过美学设计，出国游学过，20 多岁就用自己赚到的钱在武汉买车买房，人生经历有点传奇。

有一天，芬芬打电话给我，说："光哥，你来分享一下你最近成长那么快、变化那么大的经历吧。"我对她说："我成长和变化的秘诀就是想到了就去做，在做的时候看到了更多正面意义。"

我当时正好负责社群运营，想到可以让芬芬在社群里分享她的故事，让更多人认识她，就邀请芬芬来社群里做分享。

芬芬回答："群里的大佬太多了，我自己的经历没有什么好分享的。"我说："你自己的经历就特别传奇，特别吸引人。"当我说完之后，我感觉芬芬明显心动了，却还有一丝犹豫。这时我想到了突破式沟通里的环境换框法。

环境换框法就是创造更有利的环境。原来，芬芬在朋友面前可以轻松自在地讲自己的故事，在陌生人面前就不太好意思讲。换成熟悉的环境，芬芬就可以在陌生人面前讲自己的故事。

如果群里有跟芬芬关系好的朋友，他们想听芬芬的分享，芬芬是不是就有熟悉的感觉，就愿意分享了？

给芬芬打电话的时候，我把群里跟芬芬关系好的朋友都@出来了，告诉他们芬芬要分享自己的经历，所有被@出来的人都对芬芬的经历特别感兴趣，其他小伙伴也对芬芬的分享特别期待。

我告诉芬芬，现在群里的好朋友都在期待她的分享。有了这个熟悉的环境，芬芬有了想分享的想法。

芬芬开始了她的分享。我才知道芬芬是家里的老二，不怎么被重视，从小和爷爷奶奶生活在一起，她因为害怕自己不够好，所以一直严格要求自己。

这时候，我看到了不一样的芬芬，看到了芬芬拼命证明自己背后的不安全感。

芬芬在群里对我说："光哥，我就分享到这里吧，我不知道要讲什么了。"

我对芬芬说："你看下大家的回复，他们都超级期待你后面的故事，这就像看电视剧看到最精彩的地方没了一样。"

于是芬芬又讲了一些她的经历。

后面她两次对我说："光哥，我觉得自己讲得太多了，是不是该停了？"我回答："你看下回复，大家都超级期待。"就这样，芬芬讲了 3 个小时。

芬芬对我说："没想到我居然分享了3个小时，有十几个人加我好友。"感受到芬芬话里的兴奋，我也特别高兴。

这次分享以后，芬芬的分享欲被点燃了。后面邀请她分享的时候，她甚至不用准备就能直接分享。芬芬现在还有成为讲师的想法，她想去帮助更多的人，影响更多的人。

环境换框法就是创造有利的环境。芬芬在陌生人面前不敢分享，在朋友面前可以分享。创造有利于芬芬分享的环境，在不熟悉的社群里找出芬芬的朋友，这样会让芬芬有安全感，芬芬就可以打破局限性信念，在陌生人面前分享自己想分享的东西。

有时候，我们需要突破环境的限制，用不一样的思路去解决问题。

这就是我想分享的突破式沟通的案例，希望对你有所帮助。

刘硕

中国平安NBS项目授权导师
ChRP认证退休规划师
RFP美国注册财务策划师

作为一个保险销售，突破式沟通让我所向披靡

得知李珂老师的新书要用我的案例时，我感到特别荣幸和开心。多年前学习突破式沟通的经历让我受益匪浅。这么多年在保险业做得还不错，是因为我一直在践行突破式沟通的理论。

以前我不太会主动开发客户，大部分客户基本上都是朋友介绍过来的，朋友对我的评价都是和我说话很舒服。

从业多年，我遇到过各种各样的客户，有很好沟通的客户，也有不太容易沟通的客户。不太容易沟通的客户倒也不是有意要为难我，只因为对保险的看法不同，说出来的话自然不太好听。如果我没有学过突破式沟通，我估计就会跟客户杠上或者被客户拒绝。

我有一个印象特别深刻的客户杨总，我俩是在 2021 年秋天

经朋友介绍认识的。当时，我朋友去他公司谈事情，带上了我，想给我介绍个客户。杨总一听说我是保险公司的，脸上的笑容立马消失，我觉得要不是朋友跟他关系不错，我都没法待在他办公室。坐下来喝茶的时候，他也基本避免跟我说话，估计是怕我给他讲保险。朋友有些抱歉地看着我，估计想着本来要给我介绍客户的，没想到对方这么排斥。

我用眼神示意她我能搞定，我明白杨总的情绪不是针对我，因为我跟他不认识，自然也不会去接受他的情绪，让自己难受。在没谈保险的情况下，气氛还算融洽。

后来他的合伙人来了，杨总向他介绍我们："这是我好朋友，××公司的李总。"转头看着我说，"这是李总的朋友。"合伙人疑惑地看着我，估计也没想到杨总会这么敷衍地介绍我。我直接说："您好，我是中国平安财富风险管理师刘硕。"合伙人马上接过话说："你是做保险的？""是的，在保险或者理财上面有困惑都可以问我。"

我的朋友可算找到机会了，赶紧把话接过来："她可牛了，在他们公司还是导师，他们公司还挂着她的宣传照片呢。"我余光看到杨总一副"小样，想开始卖保险了是吧"的表情。

说实话，我当时明显感觉杨总的合伙人比他亲切多了，主动跟我握手，还说保险太重要了，说他朋友公司的员工下班后临时需要加班，回公司的途中从摩托车上摔下来，左臂粉碎性骨折。因为是回公司加班，而这个新员工还在试用期，没交社保，关键是现在的员工还很懂法，所以协商之后，最后赔了十几万元。

我说："确实挺让您朋友头疼的，后来没有想过给员工买商业意外险吗？不像社保那么贵，每人两三百块钱就能转移这样的风险。”

我马上转头问杨总：“杨总，您的公司有没有给员工买商业意外险呀?”杨总眼睛突然睁大，估计是没想到我会突然转头问他，连忙躲过我的眼神：“买了，我们年年买，都是行政负责，跟公司直签的，我不管。”他的回答有些急切，好像特别害怕我给他推销似的。

“您和管理层也包含在内吗?” “我不需要。”他斩钉截铁地说。

“您的确不需要保险，但是您的家人需要……”

“你们保险公司的人就喜欢吓唬人，我最反感别人说些不吉利的话了。”杨总脸涨得通红，很生气的样子。

“越是像您这样成功的老板，越是不喜欢听不吉利的话。您能给员工买保险，说明您确实是一个爱护员工的好老板，也说明您对保险可以转移风险这件事还是认可的，但您没有给自己买，同时我感觉您似乎提起买保险就很生气，所以想问一下您，是有什么事情让您很生气吗?”杨总的表情有些松动。他说他家早年有个亲戚是做保险的，常去家里给父母推销，父母耐不住就买了。等到他母亲真的得了病，当年说好的各种理赔却赔不了，因为他们买的是寿险。那些年，他们家条件不太好，几乎变卖了所有的家产才给母亲看好病。后来他们想要把这个保险退掉，却被告知不能全退。家里一度和这位亲戚断绝来往。虽然后面杨总的工作越来越好，他也明白保险的作用，可他始终不愿与保险公司的人打交道，车险等都是下属办的。

听完他的遭遇，我很唏嘘。我跟杨总说：“遇到这种事情确实挺糟心的，毕竟您的父母是因为信任而买了她的保险，却没想到她的不专业造成你们花的钱没有起到作用，还让你们对保险产生了很大的误解。咱们的经历很像，我小的时候家里也有这样的亲戚，以至于很长时间有保险公司的朋友找我推销，我都是拒绝的。好在我的爱人说服了我，配置了全家的保险。而我的公公也在第 2 年的时候，因为肾结石做了 4 次手术，保险公司全赔了。那时，我就改变了对保险公司的看法。后来有幸加入保险公司，我才发现保险是一个非常好的金融工具，同时需要非常专业的人去推荐合适的保险。这么多年的从业经历也告诉我，只有产品、专业度还不够，还要真正了解客户的需求，根据他们的家庭情况、性格特点、职业经历去提供服务。我们本就是帮助客户规避风险的，如果风险都找不到，我的职业价值又体现在哪呢？所以如果杨总您觉得我们还算投缘，不妨把您的保单给我看看。”后来我为杨总做了完整的专业测评，确实发现了保单中的风险点，并且给了中肯的建议。现在他成了我的好朋友，会介绍他的朋友给我认识。

还有联系别人介绍的客户的时候，我经常会遇到不愿意见面的客户，我会跟他们说：“跟一个陌生人见面是挺紧张的，何况还是一个做保险的。”

对方很少听到有人会这样说话，我会接着说：“我知道您很忙，而且知道您忙的这件事情里头没有我，也没有保险。”客户一般听到这儿的时候都会忍不住笑，我说：“其实保险总归是要买的，只是卖保险的服务人员很重要，万一这个服务人员不合眼缘，想要换掉又很难，所以想约您见面，彼此看一下投不投缘。如果不投缘的话就算了，如果投缘，是不是还可以多认识一个朋友？”

还有一次，我报了私教课锻炼身体。教练很能聊，发现我是做保险的之后，就问我："你怎么不像其他人一样给我讲保险？"我很惊讶地看着他："你希望我给你讲保险吗？现在怕是不行，现在是我花钱锻炼身体的时间。你想要了解的话，课后可以约我。"我一本正经地说："因为课后我是一个专业的风险管理师，对你更负责任。"我没办法做到一心二用，那样既是对我身体和专业的不尊重，也是对客户需求的不尊重。尽管我觉得他有可能只是好奇，并不想买，但这个不重要，重要的是我的态度让他觉得我很尊重他，后来他成了我的客户！我并不想告诉客户保险到底应不应该买，因为保险本来就是生活必需品，只因产品本身的属性是反人性的，你需要的时候买不了，不需要的时候又不想买，所以销售的难度很大，而它又是家庭财富的保障，相当于客户最危急时的救命稻草。没有过硬的专业知识，客户怎么可能信任我？以前我当老板时，最喜欢的就是教育别人，现在懂得了效果比道理更重要，所以在工作当中运用突破式沟通，它更像一种工具，让我的工作事半功倍，与人沟通起来更加顺畅。而我也是抱着双赢的态度，去解决客户的问题，从而体现自己的职业价值。有时候我在想，学习本身就是一件值得骄傲的事情，如果能把学习的知识运用起来，更好地帮助别人，何尝不是一种功德？非常感谢李珂老师能够给我这样的机会，给更多的人讲述我的故事，希望大家可以学到更多的方法，能够有效地沟通。

何成

突破式沟通授权讲师
心理咨询师
健康管理顾问

销售的关键是取得客户的信任

没有人喜欢被营销，人们不希望自己的需求被控制。销售的关键是取得客户的信任，挖掘客户的真需求，并满足客户的需求，进而成交。销售中，倾听与同理心尤为重要，这是我们获取客户真需求的关键。

认真聆听对方拒绝的理由，并以同理心体察对方的情绪、信念，站在客户的角度思考，理解客户的感受，才有机会在适当的时候提出你的看法和对策，解除客户的心理防备。

案例 1

一天，保险公司营销人员小 A 约见她的一位朋友小 B，小 B 怀孕四五个月了。一见面，小 B 就说：“你不会是来找我推销保险的吧？”小A说：“哈哈，就是好久不见了，过来跟你聊聊天。”

小A给小B点了一杯不含咖啡因的饮品，两人便坐下来慢慢聊了起来。

小B：“我对保险是很抗拒的。现在怀孕了，吃的用的都选高品质的，开销增加了不少，没有想过买保险。”

小A：“生活在北京，压力确实比较大，怀孕了，开销更大了。我们除了各种生活开支，就没剩多少可供支配的钱去投资或者去做一些其他的规划。保险，我们可以先了解了解。”

（复述，同理心，先跟）

小B：“可以呀！”

小A：“怀孕了，一定要好好地照顾自己，用的东西要选品质高一些的，尤其是药品。”

（同理心，先跟对方的信念）

小B：“是啊！”

小A：“有一些被猫抓狗咬后注射的疫苗、促进伤口愈合的辅料等等，进口的也许会更好，这些在某些险种中就能够覆盖。”

这时，小B点点头。

小A：“你看我们达成一致了，一定要对自己好一点！”

小B：“是的！”

小A：“你们家门口那个私立医院服务很贴心，医疗水平也很高。”

小B：“是的，但是很贵，挂一次号要1000多块钱。”

小A：“这里有一款保险是可以覆盖的，挂号才300多块钱。”

小B：“哇！这个可以吗？你给我详细讲讲。”

小A：“……”

最后顺利录单。

案例 2

夏末，一个炎热的中午，服装店里进来一位顾客。

销售面带微笑，上前打招呼："今天中午可太热了。"

顾客："是啊，太热了，我今天还穿着长裤，我想买一条裙子。"

销售："店里刚好到了几款连衣裙，我给您介绍一下，您试试呀。"

顾客："我有点胖，想要显瘦一点的，不太喜欢艳丽的，想要素一点的。"

销售："我和您的审美好一致啊！素色更能突显气质与高级感。我们店里的服装都是偏低调的色系，非常高雅，很符合您的气质。"

于是销售拿了一条灰色的裙子让她试穿。顾客很喜欢，穿上也很合身，最后谈到价格时，她犹豫了。

顾客："好是挺好，就是有点贵。你先收起来，我再逛一下。"

销售："这条裙子现在在搞特价，原价是现在价格的 1.5 倍以上。在我看来，以您的气质应该穿原价那个价格的衣服，所以现在买真的很划算！天气这么热，价格这么合适，又跟您的气质这么配，建议您买下这条裙子。"

顾客："已经到了季末，也穿不了多长时间了。"

销售："高级素雅的色系、考究的剪裁与做工是永不过时的，很多年以后，您还是会喜欢的，现在买真是超值。"

顾客又试穿了一下，用欣赏的眼光看着镜中的自己，愉快地买单了。

案例 3

背景

晓涵是一家保健品公司的销售代表，她的目标是说服晓光，一位从未考虑过购买保健品的中年男性，让他尝试她们公司的产品。晓光一直对保健品持怀疑态度，认为自己可以通过正常饮食和锻炼来保持健康，不需要保健品。

传统销售方式

按照传统做法，销售人员可能会强调产品的功效和价格，试图说服客户购买。然而，像晓光这种情况，这种方法可能不足以改变他的看法，因为他对保健品持怀疑态度。

突破式沟通的应用

（1）倾听和理解。晓涵没有一开始就介绍产品，而是了解晓光的健康习惯。她询问了他的日常饮食情况、锻炼情况和健康目标，这让晓光感到很放松，两个人好像亲近了许多。

（2）表达共情和理解。她说："我理解您对保健品的疑虑，我以前也和您的想法一样，认为健康可以通过饮食和锻炼来维持，但有时候我们的饮食可能无法提供足够和均衡的营养。有一次，我体检缺锌，医生让我补充营养剂，我问医生可不可以食补，医生说可以，但我需要每天吃 5 千克的某种食物。从那以后，我认识到了营养剂的重要性。我们的产品旨在填补这个缺口，以确保您保持健康。"

（3）提供个性化建议。晓涵根据晓光的需求和目标提供了一些建议，指出他可能需要额外补充营养剂，比如提高细胞免疫力及营养支持的营养素、Ω-3 脂肪酸、辅酶等。她解释了这些营养物质对健康的重要性，告诉晓光如何选择适合他的产品。

（4）提供样品。最后，晓涵提供了一些样品，让晓光试用一段时间，以便他亲身感受效果。她鼓励他在使用后谈谈他的感受。

结果

通过突破式沟通，晓涵成功地改变了晓光对保健品的看法，与他建立了信任关系。晓光最终决定尝试公司的保健品，他发现在服用一段时间后，他的健康状况有所改善，免疫力有所提高。

这个案例说明了突破式沟通如何应用于向没有购买保健品习惯的人销售保健品。销售员通过深入了解客户的需求和目标，为客户提供个性化建议，建立信任，最终实现了销售目标。这种方法可以改变客户的看法，提高他们的健康意识，并促进成交。

案例 4

背景

晓燕是一位对服装材质要求很高的女性，经常出席学术研讨会等学术活动。她过往购买的羊绒衫，穿上显得身材臃肿，易起球，合影拍照时总是令她不满意。她喜欢羊绒柔软的质感与良好的保暖性，所以她一直在寻找高品质的羊绒衫，但之前的购物经历让她对市场上的产品都不满意。这次她和朋友一起来到一个新兴羊绒品牌的工作室，单调的款式和高出其他品牌一倍的价格，让她没有购买兴趣，她准备随便看看就离开。

传统销售方式

按照传统的销售方式，销售人员可能会着重介绍羊绒衫的材质和价格，试图说服顾客购买。然而，像晓燕这种情况，这种方法可能不足以引起她的兴趣，因为她更关心的是她的需求。

突破式沟通的应用

（1）倾听和理解。销售经理一开始没有急于推销羊绒衫，而是倾听晓燕对时尚和羊绒衫的看法，以及之前不愉快的购物经历，她询问了晓燕对羊绒衫的要求。

（2）表达共情和理解。销售经理先与晓燕共情，她说："我完全理解您对高品质羊绒衫的要求。我们的店铺致力于提供顶级的羊绒衫。"她拿出一卷纱线，说："这是经过工程师二十多年研究制作而成的纱线，这种不蓬松的半精纺纱线获得了专利认证，用它制作的羊绒衫厚度只有普通羊绒衫的一半，更加保暖、有型和结实。"

（3）分享成功案例。为了建立信任，销售经理展示了社交平台上一些客户的购买、使用心得。

（4）邀请试穿和定制。最后销售经理邀请晓燕和朋友试穿羊绒衫，并介绍了定制羊绒衫的服务。她们亲身感受了材质和设计的精良，穿上身的感受和版型确实很好，后来两个人都挑选到了最适合自己的衣服。

结果

通过突破式沟通，销售经理与顾客建立了信任关系，充分了解了她们的需求和担忧，最终她们对购物体验非常满意。

俞立军

心理咨询师
NLP执行师
突破式沟通授权讲师

销售与客户沟通时要有同理心

在销售的过程中，最常见的就是客户还价。

客户还价是一个很正常的事情，有几个方面的原因。

首先，当然是客户想以最低的价格拿到产品。即便你的产品价格在同类产品中优势明显，客户照样会还价。同时，过于低的价格，对客户来说也未必是好事，在价廉的同时，也要物美。

其次，客户在不熟悉产品的情况下，对于价格的底线其实并没有那么确定，有时候试探性地还价是担心被“宰”。

我们来看一个案例。

王某是做酒店工程的。一次，客户提出来：“为什么你们家的产品这么贵？整体的报价要比市场价高出20%。”

一般在这种情况下，销售人员习惯反驳客户。假如本身就有销售业绩考核的压力，更会急于亮出自己的底牌，向客户阐述产品的质量以及产品特性，甚至还会借贬低同行的产品来证明自己的产品贵有贵的道理，这样做的效果并不理想。

在沟通的过程中，假如自己没有很好的沟通策略，又急于拿到订单，就容易乱了方寸，沟通上就容易出状况。要么被客户杀价，导致利润大幅度降低，要么拿不到订单。

比如这样跟客户沟通：

“买东西怎么能只看价格呢，你至少得看看我们家产品的质量比其他的好在哪里。”

“他们价格那么低，肯定偷工减料啊。这你也敢用啊，你可不要花钱买后悔。”

“我们一直都是这个价格，选不选随你。”

如果这样跟客户沟通，就很容易激起客户的逆反心理。以后即便选择了你家的产品，因为对你这个销售有不好的印象，也容易在售后时产生很多的不便和麻烦，更不用说长久的业务往来了。

我们来看看王某是怎么回答的。

王某：“您好！确实如您所说，这类产品在市场上的价格参差不齐，看来您对市场行情有一些了解。要筹建一个项目，确实要考虑成本预算。”

客户：“是啊，现在的生意这么难做，大环境又不好，我肯定是要考虑成本的。”

在这里，我们建议你不要第一时间在价格上做出让步，即便你有考核压力，或者你本身也预留了一部分让利的空间。假如第一时间做出可降价的姿态，那么就很容易让客户觉得你不诚心，还有急于拿单子的心态，这些都会让后面的沟通变得很被动。即便你把价格降到非常低，可是因为客户并不清楚你的价格底线究竟在哪里，所以容易让他产生一种还能够再降价的心理预期。

首先，王某从事实层面与客户共情。

王某并不完全认同客户所说的市场价“低于我公司报价20%”的说法，因为无从考证客户所说数据的真实性，所以，王某说“确实市场价格参差不齐”，与客户共情。

其次，从信念层面与客户共情。

成本控制就是从信念上与客户共情，同时也得到了客户的反馈，进一步与客户建立关系。

王某：“是的，现在的产品价格差异那么大，您如果没有足够多的了解，是会觉得有些懵。”

客户：“是啊，所以我都不明白你们是怎么报价的。”

王某：“我在这一行做了很多年，对于您这一类项目的初期成本投入与后期的运营成本还是比较清楚的。特别是我们做工程的，除了要注重产品本身的材质，也要考虑后期运营中的节能。”

这里王某分别从情绪和信念的层面继续与客户共情，进一步与客户建立关系。提到成本管理中除了初期的成本投入，还有后期的运营成本，说明王某对项目是有过深入研究的，同时也体现出自己对于项目的重视以及专业性。

客户：“这个我也注意到了，我认可你们的整体设计方案，不然我也不会来找你谈价格了。”

王某：“感谢您对方案的认可！对于您这个项目，我们前期做了深入的方案设计，整个工程至少可以节省1至2个人的人工成本投入，您也知道现在用人的成本在经营成本中占比很大。另外，我不知道您有没有注意到我们的报价里面多含了一年的质保，如果我们对产品质量没有充分的自信，是没法提供质保的。”

售后服务也是成本的一部分，这里除了向客户描述成本组成，也从侧面告诉客户产品质量的可靠性。再一次与客户共情，渐渐地把客户的关注点从“高投入”转移到“高效能”上来。

客户：“我相信你们家的产品质量是不错，不过我还是希望能够在价格上再优惠一些。”

王某：“非常感谢您的信任！在价格上，我们确实已经尽可能优惠了，没有调整的空间了。我注意到您的项目地址在我们公司附近，我是可以帮您做一些推广销售的，我希望我们能互惠互利。”

客户：“那好，我们在这里开拓市场，确实也需要朋友帮忙。”

最后，在价值观和身份层面与客户共情。

在自己的能力范围之内提供一些增值服务，让客户感觉到你跟他是站在一块的。

小结

前期在设计方案时，要充分了解项目本身。客户还价是很正常的，我们要提前做好充分的准备。如果什么准备都不做，就容易乱了方寸。

先跟后带，尽量不反驳客户提出的质疑。然后，在沟通中抓住客户关注的焦点，分别从事实、情绪、信念、身份等几个层面与客户做好沟通，逐步建立关系。

注意事项

(1) 我们不建议在客户还价的时候第一时间让步，我们有时会误以为在价格上让步就能够拿到订单，殊不知轻而易举的价格让步有时反而会让客户产生怀疑，从而导致销售失败；

（2）在情绪上要稳定，即便你很想拿到那个订单，也要先稳住，从容应对；

（3）尽量不去贬低同行业的其他产品或从业者，其实有些话即便你不说，客户也明白。用贬低他人的方式拔高自己，有时候效果会适得其反，容易让客户反感。

周红波

全国演讲冠军，曾在人民大会堂演讲
获得国家法律职业资格A证
全球寿险百万圆桌会员

专业人士如何与客户轻松建立信任感？

财务、律师、教师等群体有一个共同特点，是大部分时间都在跟人打交道。比起其他职业，这些职业的从业者往往要花费更多的时间处理各种关系，并且因为行业的专业门槛高，有时沟通起来并不是一件容易的事。两个陌生人之间是否能快速地建立关系，建立信任感，决定着后续的沟通是否顺利。

我的一位客户王律师，从我有意识地与她建立关系开始，沟通变得越来越顺畅。

王律师是我的一位朋友介绍给我的新客户。一般朋友给我介绍的新客户，我会先跟介绍人尽可能多地了解新客户的详细情况，比如工作、家庭、爱好、财务情况等等。

（收集客户信息，找到与客户的共同点，方便第一次联系时

就与客户建立良好的关系，为成交奠定基础）

从介绍人那里，我了解到，王律师是位未婚女性，做律师十多年了。她开过咖啡店、幼儿园，亏了不少钱。平时她比较关注投资，经常会收集这方面的信息。介绍人把我介绍给她，是因为最近王律师想找一个专业人士帮她做个保单“体检”，有一份重疾险，她在犹豫要不要续保。

（分析：我跟王律师的共同点是，我也参加过司法考试，并且顺利通过。这是我们在第一次见面时很棒的破冰话题。她做投资、开店是想实现什么终极目标，满足自己的哪些需求，是可以在跟王律师见面沟通时展开聊的。王律师主动提出了需求——给自己的保单做“体检”，我可以通过这个服务来展示自己的专业度）

第一次沟通是在微信上。添加微信之后，王律师明确跟我提出，希望我帮她看看这份重疾险是否有续保的必要。

（建立关系：我识别出，在她心中我是一名专业人士。此刻，她的需求是需要我这位专业人士给出一个专业的产品解读。王律师目标明确、风格直接，所以当下适合跟她直接沟通，不绕弯子）

我立马请她把保单发来，给她做了详细分析，告知她这张保单是有续保必要的。

（满足对方的需求，建立关系）

她对我表示感谢后，我说：“王律师，我差点成了你的同行。”

不到两秒，王律师发来一个惊讶的表情，紧接着说：“真的吗？你也是学法律的吗？”

（找到共同点，激发聊天兴趣，也是建立关系的好方法）

我跟王律师分享了自己是如何从一个区县电视台的新闻主播转行到人民大会堂做演讲，又花 2 年时间学习并通过了司法考试，再转行做一名保险经纪人的经历。

（这也是跟陌生人快速建立信任感的好方法，主动分享自己的故事，尤其是对方未知的故事）

王律师不停给我发“赞”的表情，说我太优秀了。

（赢得客户的赞赏和信任是良好沟通的开始）

听完我的故事，王律师的话逐渐变得多起来。话题涉及她的工作、兴趣爱好、投资失败的原因。

（我们往往陷入以自我为中心的陷阱中，缺乏对他人的关注和理解。如果你可以很有耐心地倾听客户的故事，敏锐地捕捉到客户的情绪和需求，那么就可以利用你的专业帮助对方）

在这个过程中，我就认真听她讲，跟她有共鸣，回应她的情绪。

（先跟情绪，回应情绪。每个人都有自我防御机制，不愿意表达自己的想法，常常是因为担心自己不被别人接纳。当你真正接纳对方的想法，并尝试去理解他人的想法，才会让对方敞开心扉）

听完她的故事，我说：“王律师，你发现没有，我们都属于挺能折腾的人。你看，我们折腾来折腾去，无非就是希望以后有一天折腾不动了，还能自由地按照自己的方式去生活。”

她说：“对呀，我太认同了。”

我说：“你现在一直单身，没有找到一个合适的人，你不愿意将就过一生，代表你不是一个愿意被命运安排和被别人掌控的人。”

她说："是呀，就是这样。"

（人的行为背后是价值观推动的。当我们能挖掘出对方语言背后的价值观时，就很容易发现对方真实的意图。通过倾听，我找到了王律师关注的价值，王律师也开始认可我，在心中建立了对我的信任）

我继续说："我们以前都只知道埋头走路，不知道抬头看天。我们总是觉得自己不够有钱，没有赚到很多钱，但是回过头来看，你会发现，你能够赚钱的时候，没有让钱衍生出更多的财富。所以，你感觉自己没有财富，不是因为你不会赚钱，而是因为你不会规划钱，不会把钱用好，对吧？"

她说："哎，想一想，是这样啊！"

（从王律师关注的价值出发，带她看到背后的原因。双方有了共鸣之后，才好一起解决客户遇到的问题）

然后，我分享了自己的财务规划：计划 45 岁退休，并且我正在按照我自己的规划执行。

当她听到我计划 45 岁退休，还有自己的财务规划时，更来了兴趣，连忙问："给我讲讲你是怎么规划的。"

我就给她讲自己的规划，然后问她："你是希望 60 岁退休，还是希望提前退休呢？"

她说："当然希望提前退休呀！"

（双方确认了共同目标之后，她的需求随之被激发。同时她也从情绪中跳出来，回归理性，开始着眼于当下，进行思考）

我接着说："如果我们 60 岁前就已经准备好了这笔钱，我们可不可以对自己好一点，提前退休？"

她说："那当然可以。"

我紧接着说："如果 60 岁的时候，我们还没有准备好，是不是只能继续工作？"

她回复了一个"哭"的表情，追加一个"嗯"，又说："对呀，对呀，我以前都没有想过这个问题。"

我继续说："我们提前退休，不是不工作，而是确保有满足基本生活花销的钱以后，还有时间去做想做的事情。"

她越听越来劲，说："那你也给我规划一下。"

（需求越来越清晰，她主动提出了要做规划。双方通过沟通，越来越明确了本次对话的目标）

我抓紧时间给王律师做了适合她的规划，并给她做了详细介绍，但她一直没有决定。于是我主动关心对方的情况，了解她心里存在哪些顾虑。

我开门见山地询问："王律师，您有什么顾虑呢？"

她说，自己现在的财务状况不太理想，今年律师业务不好做，现在还在外面谈合作。

（我发现王律师此刻的愿望是业务的提升、财务状况的好转）

于是我回复："这两年业务不好做，你肯定很着急。你想要把业务做起来，需要我提供一些保险上的营销方法吗？我可以分享一些方法和我自己的经验给你，也许可以帮到你呀。"

她很好奇，立马约我见面详聊。这样的一次对话也为我们创造了线下见面的机会。

（线上沟通的效果很好，不过，还是要努力创造线下见面的机会。客户对你的专业度越有信任感，越容易选择你。你们也将通过线下见面，从交付产品过渡到交付关系）

后来，王律师找到了几个不错的法律合作渠道，我也成功签到了她的保单。

在跟这位客户沟通的整个过程中，我用突破式沟通的整套工具作为支撑，首先给自己安装好“防火墙”，与对方产生共鸣。在沟通过程中，王律师提出疑问、表示犹豫或拒绝时，我没有着急说明自己的产品有多好，而是始终先肯定她的情绪和价值观，跟她逐步建立信任关系。我始终以客户的价值观为出发点，为她提供方案、处理问题，获得了很好的效果。

面对陌生客户，“先跟后带”的沟通策略也适合你。

第 二 章

教育和家庭

雪娟

高级心理咨询师
高级家庭教育指导师
学习治疗师

帮助孩子走出手机世界

女儿从小学五年级开始沉迷于手机，经常抓住机会就拿着我们的手机不放，我和她爸爸担心影响她的视力和学习，于是家里常常上演手机抢夺大战，也常常粗暴地收场。亲子关系一度非常紧张。

回想自己对待孩子的方式，像极了让我很受伤的我的妈妈的教育方式，我不愿意自己的孩子继续遭受自己曾经遭受过的痛苦，于是走上了亲子教育学习之路。通过学习，我明白了父母的身份定位：父母是帮助孩子思想变得成熟，使他们能够更好地照顾自己，同时让他们的能力不断提升的人。反思自己之前的操控式育儿方式，我调整了亲子教育模式，特别是调整了沟通方式。经过一系列的调整，亲子关系变得和睦，孩子的学习状态有了很大的改善。

在这里，我分享一个通过几次沟通让孩子从偷偷玩手机的状态转变为合理使用手机的状态的案例吧。

有一次，我给女儿报完听写，女儿提出要用手机，就此开始了如下对话。

女儿："妈妈，我要用一下手机。"

妈妈亲切地说："哦，你想用手机啊，可以啊，你要用手机做什么呢?"

这里我用了复述，表示我听到她的需求了，立即回应"可以"是给一个态度，后面追加的询问表现出了妈妈对女儿的关注，其实是妈妈内心对女儿有不放心的地方。

女儿："你不要管我做什么，我就是要用，你给我就行!"（女儿瞪着眼睛，红着脸，大声喊道，身体也绷紧了）

女儿因为妈妈追问用手机做什么而觉得妈妈不会同意，有了这个"妈妈不同意"的信念，孩子就会开启心理防御机制，坚持不说自己拿手机做什么，这里也反映出妈妈之前的教育模式是操控式的。

妈妈："感觉你很想要手机，我可以给你，我只是很好奇手机上有什么好玩的这么吸引你，我也想玩一下呢。"（在学习亲子教育之前，对于女儿这种大声说话的方式，我是不能接受的，可能会瞬间发火："你怎么说话的？有你这样和妈妈说话的吗？你还想要用手机？不可能!"）

妈妈在这里安装了沟通"防火墙"——效果比道理更重要，没有被孩子的回答激怒。妈妈接受孩子的情绪，表达出想体验孩子的乐趣的意愿，这里是真心想体验孩子玩手机的感觉，想多了解孩子的世界。

女儿愣了一下，继续说道：“没什么好玩的，我就是要手机，你给我啊！”

妈妈还没来得及答复，女儿就顺势倒在旁边的床上开始打滚，边滚边哭着喊道：“我要手机，你给我手机，你给我手机！”

妈妈口中的“好奇”是之前没有表达过的，孩子显然是不相信妈妈的话，觉得妈妈是换个说法窥探她而已，开启了小时候的撒泼打滚的模式。这里也看出妈妈原来在教育孩子的时候容易被孩子操控，孩子用这种方式屡屡得逞，所以在需要的时候，孩子会一直选择用这种沟通方式达到目的。

妈妈平静地看着女儿，继续温柔而坚定地说：“我知道你想用手机，你总得告诉我你要手机做什么吧？”（不想让孩子的这种撒泼方式再次得逞，我继续坚持自己的原则，好声好气地问）

女儿生气地大声说：“我告诉你了，你就不会给我了。”

女儿撒泼的方式没有得逞，已经开始退让，说出了自己的担忧。这个担忧是她自己的猜测，她觉得妈妈是不会允许自己玩手机的。

妈妈：“你怎么知道我不会给你？”

女儿停止了哭闹，迟疑了一下，盯着妈妈说：“那你保证，我告诉你了，你就要同意给我手机，你保证！”

女儿认为妈妈不允许自己玩手机的信念已经松动了，还有些不放心，进一步要求妈妈保证。

妈妈做出夸张的表情笑着说：“那我不能保证，万一你是用手机去当黑客，或者用手机去搞诈骗，我这个监护人是没办法同意的。”

这里妈妈用夸张的方式表达了担忧。

女儿扑哧一下笑了，刚才绷紧的神经一下子放松了，“我哪会干那些呢？我就是想和朋友聊天”。

女儿理解了妈妈的用意，防御心理被打破，同时被妈妈的夸张表情逗笑。

妈妈：“和朋友聊天是挺好的事情啊，妈妈鼓励你交朋友！看来你很有人缘啊，是你同学吗？”

肯定孩子的动机，孩子能感受到被理解和认同。

女儿的声音一下子变柔和了，柔声道：“不是同学。”

妈妈：“呀！那就是网友啦，你这社交能力杠杠的，能在网上找到聊得来的朋友也是一件幸运的事情啊！你们是约好时间聊天的吗？”

继续肯定、接纳孩子的行为，让孩子获得安全感。

女儿：“是的。”

妈妈：“难怪你这么着急要手机呢？约好的事情咱们可不能爽约！和朋友聊天，妈妈是支持你的，这是你正常的要求。你早说，我就把手机给你了呀。”

表达同理心、肯定和支持，同时直接表达对孩子内心需求的支持态度，让孩子知道，正常沟通可以获取支持。

女儿很意外：“呃……”

妈妈：“你这个网友经常约着聊天吗？”

女儿：“是吧。”

妈妈：“那你能和他约个固定时间聊吗？这样的话我就在这个固定时间把手机给你，你看需要聊多久呢？”

女儿：“可以的，聊 1 个小时的样子。”

妈妈：“1 个小时够吗？你觉得约什么时间合适呢？比如说周

儿晚上几点。”

女儿：“1小时够了。时间嘛，就约在每周五晚上7点吧。”

妈妈：“这样吧，每周五晚上7点至9点，给你2个小时的时间，你们畅聊。这个时间，我和你爸爸都不来打扰你，你聊你的天，怎么样？”

女儿喜出望外，非常满意地使劲点头：“可以，可以。”

了解到孩子想聊天，也看到了孩子有和他人交流的需要，只是采取了网聊这种方式，因为当下没有更好的方式。对此妈妈表达了同理心，并给予充分的肯定和支持，孩子在内心的需要被满足的时候就会非常配合。

沟通结束，妈妈笑着问女儿：“你觉得刚才你在床上打滚的样子像几岁孩子呢？”

女儿听了这句话，愣了一下，一下子不好意思起来，而后若有所思。

这里用一句话提醒女儿关注自己的沟通方式，女儿不好意思的表情表明她也觉得这种行为不符合自己的身份。

妈妈马上去拿了手机给女儿，说：“这2小时，你尽情聊吧，我们不会来打扰你。你要记得约定啊，2小时到了，你自己把手机还我，这个能做到吗？”女儿非常肯定地点了点头。

沟通达成一致意见后，妈妈马上兑现承诺，让孩子再次认识到语言沟通可以解决问题。

过了一阵子，女儿主动来还手机，妈妈一看时间，刚好2小时，马上给女儿竖起大拇指：“很自觉，时间管理得非常好啊！聊得怎么样？”女儿很高兴地回答：“挺好的！”妈妈回应说：“太好了！”

女儿感受到被允许和被接纳以后，会特别遵守约定。

从此以后，女儿在需要用手机的时候，都会直接说需要用手机做什么事情，比如作业打卡、查资料等，大概要用多久，她也会说清楚，女儿还会遵守约定，按时还手机。最重要的变化是女儿从之前的偷偷摸摸玩手机，从大人催促还手机后拖拉不还的状态，变成了大大方方地用手机，从鬼鬼祟祟变成坦然享受，整个人肉眼可见地放松了。同时，这次之后，女儿再也没有用撒泼打滚这种方法来表达需求了，选择了用语言沟通的方式。

女儿和网友聊天的事情告诉我：她有和他人交流的需要，需要同龄人的陪伴。日复一日的繁重学习让女儿与朋友在一起的时间变少了，这是一种缺失，同时她的社交圈子也在逐渐由身边拓展到网络上。如何更好地满足女儿与朋友交流互动的需求呢？女儿有几个玩得好的同学，我们几个家长做了沟通，最后大家选择了通过打篮球的方式给孩子们放松。女儿并不是特别喜欢运动，但是因为可以和朋友们在一起，便欣然接受了。一次打完球，我看着气喘吁吁的女儿问道："打篮球带给你什么感觉？"女儿说："有一种愉悦感，重要的是和谁一起打。"

基于此，大家又组队约着周末去附近的图书馆一起学习、看书。在做完作业后约着一起去逛街、玩剧本杀等，线下活动越来越丰富。女儿和同龄人在一起的时间多了，手机再也不"香"了。

总体来说，这个关于女儿沉迷手机的案例是成功的。在这里，总结以下几点，分享给大家。

第一，妈妈在和女儿沟通的过程中明确了自己的身份：孩子的妈妈是帮助孩子思想变得成熟，使他们能够更好地照顾自己，同时让他们的能力不断提升的人。在这个身份定位之下，要接纳孩子的情绪，洞悉孩子的需求，提供必要的支持，帮助孩子满足自己的需求。孩子能感受到妈妈是支持自己的，沟通就有了顺畅的前提。在这个案例中，让女儿意识到妈妈身份的地方是：妈妈要知道她用手机没有用在歧途上，比如没有做违法乱纪的事情或者其他青少年不宜的事情，这是妈妈对她的一种关爱。理解了这一点，孩子就敞开心扉了，这是对妈妈身份的认同。同样，妈妈在最后点出孩子撒泼打滚的问题也是启发孩子思考，帮助孩子思想变得成熟，孩子最后自己选择了用语言沟通解决问题的方式，解决问题的能力也确实提升了。

第二，安装沟通“防火墙”——效果比道理更重要。在沟通中，如果亲子双方的想法不同，就会产生争执。如果妈妈产生情绪，带着情绪沟通，孩子也会有情绪。当双方都有情绪的时候，沟通往往不会成功，所以，妈妈要清楚沟通的目标，给自己安装一道“防火墙”——效果比道理更重要。当然，这个效果要符合“我好、你好、大家好”的三赢原则。在这个案例中，孩子瞪着眼睛大声和妈妈说话的时候，孩子就有了愤怒的情绪，妈妈如果觉得孩子对自己有冒犯，认为孩子不尊重自己，也产生愤怒的情绪，沟通就无法顺利进行了。当妈妈用爱去感知孩子，想着要帮助孩子走向更好的路，本着这个初心，就会朝这个方向去努力，接纳孩子的情绪，解决问题。

第三，安装沟通“防火墙”——情绪是信念的投影。尊重孩子是一个独立的个体，允许孩子有和自己不一样的想法。在这个案例中，孩子从一开始就认为妈妈不允许自己用手机，当然这和父母平时教育孩子的模式有关，怕孩子学坏，设置了诸多限制，孩子才会有这样的想法。因为有这样的想法，孩子在妈妈追问用手机做什么的时候，孩子以为妈妈不允许她用手机，因此愤怒了，想用愤怒的方式表达，以为可以达到拿到手机的目的。著名心理学应用专家李中莹老师说过："情绪和动机没有错，只是行为没有效果。"所以，当孩子发现妈妈追问要手机做什么只是要确保孩子没有用手机做坏事的时候，之前的信念有所松动，原来的愤怒情绪也没有了。

第四，了解孩子的内心需求，就是孩子在乎的价值。帮助孩子获得该价值，这是亲子沟通中重要的一点。在这个案例中，妈妈发现孩子的内心需求是和同龄人社交，这是青少年一个非常正常和重要的需求。在了解到孩子的这一需求后，妈妈予以充分肯定，让孩子感受到被理解。有了理解，沟通就会顺畅无比。孩子选择用手机和网友聊天是孩子当下能选择的唯一沟通方式，父母之后找到孩子朋友的家长，协调组织篮球兴趣活动，以及后面周末相约去图书馆学习，让孩子体验到更多和同龄人社交的方法。孩子总是会选择对她更加有利的方式，在手机上交网友这种方式不再是她的首选。

天下父母都是爱孩子的，要用有效的方式帮助孩子成长，让孩子感受到被爱。只要清楚自己的身份，安装好沟通"防火墙"，回应孩子内心的价值需求，我相信大部分亲子沟通都会变得轻松起来。

魏徐红

心理咨询研究员
青少年性教育讲师
婚姻情感咨询师

不会哭的婴儿

看到这个题目，您可能会好奇地说：“婴儿都会哭啊！”是的，在遇到这个婴儿之前，我和您的想法一样。我做心理咨询工作 30 多年了，还真遇到过不会哭的婴儿。

哭是婴儿与外界交流时表达需求的语言。新生儿从离开母体的一刹那，就用哭来向世人宣布，他来到了这个世界。

新生儿若没有哭声，医生们就会立即进行抢救，第一声哭是生命的象征。不但第一声哭是重要的，哭在整个新生儿时期都有其特有的意义，婴儿是不会无缘无故哭的，哭是用来呼唤父母满足其生理和心理需求的。

2021 年冬季的一天，我接到天津市一位母亲打来的求助电话：“魏老师，我女儿出生一个多月了，不会哭，怎么办？您有时间吗？我们夫妻抱孩子去工作室找您看看，行吗？”我们约好了咨询时间，这对小夫妻如约来到咨询室。

走进咨询室，妈妈顾不上入座就打开襁褓让我看宝宝的表情。宝宝来到陌生的环境，看到陌生的我后，皱着小眉头，咧咧嘴，似笑非笑地看着我，嘴里发出轻微的哼哼声。

（我看到宝宝的表情比苦笑还痛苦）

妈妈马上说："魏老师，孩子除了表情平静、偶尔笑一下，就是这个表情，她不会哭。"

我微笑地看着宝宝的眼睛，对宝宝说："宝宝，我和你妈妈是好朋友，我们都爱你。你在妈妈肚子里的时候，妈妈带你来过我这里，我们一起聊过天。"妈妈接着说："是的，魏姥姥喜欢你。"

（婴儿虽然不会说话，但是能听懂我们的语言，宝宝的表情平静了）

心理学研究表明，婴儿能懂妈妈的情绪，知道妈妈的需求。

（我与宝宝建立信任关系）

我："宝宝出生时哭了吗？"

妈妈："孩子是通过剖宫产出生的，出生的时候哭了，接着我们住进了月子中心。我住在一个房间，孩子在另一个房间由奶奶和姥姥轮流照顾。"

我："你什么时候发现宝宝不会哭的？"

妈妈："宝宝出生 40 天，我们从月子中心回到家后，没听到过宝宝的哭声。刚开始没在意，感觉宝宝被照顾得很到位。过了几天，感觉不对头，哪有不哭的婴儿啊？所以找您咨询。"

爸爸："是的，我们从未听到过宝宝的哭声。"

我："我找到原因了，姥姥的限制性信念是孩子不能哭，妈妈小时候是不是也不被允许哭?”

妈妈:“是的。”

我看着宝宝的眼睛说:“宝宝你可以哭!”接着我让爸爸妈妈对宝宝说:“宝宝你可以哭,妈妈和爸爸允许你哭。”

妈妈:“宝宝你可以哭,妈妈允许你哭。”

爸爸:“宝宝你可以哭,爸爸允许你哭。”

宝宝似乎听懂了我们的话,撇撇小嘴哭了。

(咨询时,我的眼睛就湿润了。写到这里,我的眼睛又湿润了。宝宝为了满足奶奶、姥姥“不许哭”的限制性信念不哭;奶奶和姥姥为了不让她哭,精心呵护,身心疲惫)

夫妇俩抱着宝宝回家了。

几天后,我接到妈妈的电话:“魏老师,宝宝这两天哭得歇斯底里,我们有点害怕。”

我:“宝宝吃奶怎么样?睡眠怎么样?”

妈妈:“吃奶和睡眠正常。”

我:“从不许哭到允许哭,给宝宝一个适应期,放心地让宝宝哭吧,她会调节,过几天就会好的。”

几天后,我收到妈妈的反馈信息:“宝宝的哭声正常了。”

(写到这里,我想到了当年咨询时的场景,长舒了一口气。说真的,我第一次遇到不会哭的婴儿,心里也没底。问过几位咨询师,他们都没有听说过不会哭的婴儿)

不会哭的婴儿会哭了,我们来看看婴儿的妈妈曾经历的不许哭的创伤事件。

我给这位妈妈取名小新。

小新是“90后”,大学毕业后被父亲安排在国企工作。有父亲照应，工作还算顺利，她因恋爱问题前来咨询过。

小新的父母重男轻女，不喜欢女孩。小新出生后，父母对她各种嫌弃，好在外婆喜欢她。

小新为了讨好父母，经常要照顾父母的情绪，只要母亲不高兴，她就去哄；只要父母吵架，她就去调解，对母亲各种关心，直到母亲情绪稳定下来。

母亲经常跟她说："我和你爸离婚后，你跟着我走。"小新做梦都担心父母离婚，多次在梦中哭醒。小新感觉电视对她最好，她告诉妈妈："我跟着你走，要带上电视机。"

她觉得只要自己乖、听话，家庭就会完整。她没有自我，上学、工作都是父母安排的。到了恋爱的年龄，妈妈催她恋爱，她感觉妈妈的标准是是个男人就可以嫁。小新漂亮活泼，在妈妈的安排下经常相亲，她的标准是找一个像父亲一样的男人。小新恋爱了，恋爱中她看到的都是对方的缺点，感受不到对方的爱，分手后又想到对方的好，一年中分分合合几次。她感觉自己有问题，于是找我寻求帮助。

下面分享小新经历的不许哭的创伤事件。

小新3岁左右的时候，一天在姥姥家玩，妈妈下班后去姥姥家接她回家。姥姥家的门口正在施工，挖了一道沟，小新不小心掉进了沟里，爬不上来，吓得大声哭喊："妈妈抱我，妈妈抱我，妈妈抱我!"妈妈没有抱她，却指责她："你瞎了？不看着路，不许哭！别哭了!"小新听到妈妈指责她，不抱她出来，哭声更大了。妈妈说："你再哭，我就不要你了。"妈妈转身就往前走，小新更害怕了，哭声更大了，妈妈没有回头。姥姥在楼上听见了小新的哭声，下楼把小新抱了出来。

从那天开始，小新再也不发出哭声了，遇到伤心、难过的事，只会默默流眼泪。

一个 3 岁的小女孩掉进了沟里，自己爬不上来，特别害怕，拼命地喊妈妈，但是妈妈没有抱她出来，反而指责她不长眼，还不允许她哭并扬长而去。我们想想，当小新听到妈妈不要她的话的时候，该有多恐惧。

小新边讲述边流泪，我说："你现在可以放声哭。"小新放声大哭了半个小时后，对我说："魏老师，抱抱我。"我拥抱小新，小新紧紧地抱住我，趴在我的肩上又哭了半个小时。

写到这里，我的眼睛湿润了，当时的场景浮现在眼前，我的心好痛好痛。在我 30 多年的咨询生涯中，小新是放声大哭时间最长的来访者。她从 3 岁起就压抑了哭泣的声音，伤心难过时只能背着妈妈默默流泪，害怕妈妈不要她的恐惧有多深，就会造成多大的创伤！

德国心理学家卡罗拉·舒斯特认为："孩子哭的时候，最先需要处理的是家长的情绪。"

孩子哭也许只是一种表达方式，这件事本没有错，只是我们内心不能接受而已。

小新知道自己童年掉到沟里哭是正常的情绪，也知道哭是婴儿的表达方式，她的女儿不哭才反常，所以带女儿来咨询。

小新改写了自己的命运，切断了家族重男轻女的链条，摒弃了不许哭的限制性信念，她女儿的情绪可以自然流露了。

心理学研究表明，喜、怒、哀、惧是人类四大基本情绪，是人类自然的情绪，是人的本能，象征生命能量的流动。

- 喜悦——成长和分享的能量。

- 愤怒——守护的能力。是用来保护我们不被侵犯的一种生物本能，能保护我们的边界，保护我们不受伤害，不被欺负，不被羞辱。
- 悲伤——结束和再出发的能量。如果我们没有办法让悲伤的能量释放，或者总是控制悲伤的情绪，那么这些让我们悲伤的人和事就会在我们今后的生活中一直抓住我们不放。如果不能将悲伤宣泄出来，那么它们就会成为你生命里的阴影。
- 恐惧——保命的情绪。是我们的本能，是当我们的生命受到威胁或者有可能受伤的时候自然产生的一种情绪。

情绪没有好坏、对错之分。

精神分析鼻祖弗洛伊德说："未被表达的情绪永远都不会消失。它们只是被活埋了，有朝一日会以更丑恶的方式爆发出来。"我们常被教导要压制情绪，可是这些情绪积累太多就会形成心结，像炸药库里的炸药一样，随时都有可能爆炸。

小新恋爱不到两年，和男友提出分手三次，前两次男友都没同意，第三次男友同意了。

小新从小就认为自己浑身都是缺点，不配得到爱，她眼中的男友也一无是处，这就是"心里有什么，眼里就有什么"。恋爱时因为几件小事，男友无意中点燃了小新过往经历中被压抑多年的情绪"炸药库"，小新因而大发脾气。分手后，小新想起男友的好，觉察到自己有问题，所以前来咨询。

中医认为，怒伤肝、恐伤肾、思伤脾、喜伤心，各种情绪会导致身体的疾病。

小新咨询前，经常头痛、腿脚冰凉、胃不舒服，她从小就吃药。在咨询过程中，她的身体逐渐康复。

咨询前的小新，小心翼翼地活着，讨好着身边所有的人，不会拒绝，活得很累且没有知心朋友；咨询后的小新，学会了处理情绪，身份定位准确，边界清晰，分清了三件事——我的事、别人的事、老天的事。尽心尽力做好自己的事，别人需要提建议时再给别人提建议，老天决定的事学会接受。她学会了爱自己、接纳自己，自我关系和谐了，与父母、丈夫、孩子的关系也和谐了。她现在做着自己喜欢的工作，2020 年工资涨了四倍。小新的女儿活泼开朗，能随时表达内心的感受，人见人爱。小新现在家庭、事业双丰收。

2020 年底，小新的丈夫对她说："鼠年有人下岗，有公司关门，咱俩是逆风中盛开的两朵小花，我的年终奖增加，你的工资涨了四倍。"

在 6 年学习成长的旅途中，小新很不容易，恋爱、结婚、生子、换工作到鼠年工资涨了四倍，她品尝到了其中的各种滋味。

在沟通中，我们要先处理情绪，再处理事情。我们要学会认识情绪，看到情绪带给我们的成长机会；接纳情绪，让情绪在心里像水一样自然地流动，将忧愁转换为快乐。

我在做夫妻关系咨询时，发现很多夫妻的主要问题是被情绪困扰，不会沟通，遇到问题就像幼儿一样发脾气，伤己伤人。情绪是信念的投影，也就是说，情绪的背后是限制性信念在作祟。

代际相传的限制性信念"不许哭"，导致童年的小新只会流泪，不敢哭出声；导致小新的女儿出生后，只会小声地哼哼，不会流泪；压抑情绪导致小新的恋爱出现问题。小新寻求咨询师的帮助，斩断了"不许哭"的限制性信念链条，情绪像水一样自如地流动起来。通过学习，小新的生活充满了阳光。

高宏

突破式沟通授权讲师
早期教育机构创始人
国家二级心理咨询师

如何安抚不满的客户

我是一名心理咨询师，主要从事 0—6 岁儿童的心理学研究，创立自己的心理咨询培训机构能更大限度地将自己的所学应用于实践。在多年的工作实践中，我遇到了很多有趣的案例。有幸参与李珂老师《突破式沟通（实践篇）》的撰写工作，分享我的案例。我的工作主要服务孩子和家长，沟通占据工作的大部分内容。

我和大家分享几个我工作中的沟通案例，让大家了解一下突破式沟通在我工作中的应用。

案例 1　我要退费！找你领导来！

一位男士气冲冲地来到我们的一家托育园，穿着室外鞋（托育中心一般服务 3 岁以下的孩子，园内的卫生要求高，入园人员都要换鞋或穿鞋套），直冲到前台，大声嚷着："我要退费！找你们领导来！这是什么幼儿园，都是骗子！"

前台人员连忙安抚说："家长，您别生气，有啥事？"

男家长："我不跟你说，把你领导叫来！"

前台人员连忙走到男家长旁边说："家长您先坐下，我们了解一下情况。"

男家长更火了："我让你叫你们领导来，跟你说有用吗？"

前台人员赶紧叫来值班负责人叶主任，叶主任走到家长旁边，热情地打招呼："花花爸爸，您好！前台老师说您找我，我们到这边沟通一下吧。"

叶主任带家长来到办公室，让家长落座，赶紧给家长倒茶。家长接过茶，把茶杯放在桌上，说："别来这一套，我要退费！"

叶主任说："看您很生气，是我们哪里没做好让您生气了？"

男家长："哪里没做好？你们哪里做好了？我们报名时你们说会有一个专门的老师带我家孩子。我这两天看监控（家长手机可以查看班级内监控），你们老师都不怎么抱我们家孩子，我家孩子一直在老师旁边跟着，看着好可怜。"

叶主任连忙说道："花花爸爸，这几天您看到监控里宝贝一直跟着老师，老师没有抱她，看上去很可怜，看得出您对孩子的疼爱。"

男家长愤怒的情绪稍稍缓和了些，端起水杯，喝了口水。

叶主任继续说道："花花宝贝的独立性、适应性特别强，语言表达能力也强，大多数情况下，她不喜欢老师抱着她、限制她，她更喜欢在老师的陪伴下和小伙伴打成一片，做自己喜欢的

‘工作’（玩教具在蒙氏教育理念中被称为‘工作’）。孩子能主动做力所能及的事情，我们都会鼓励孩子。”家长只是认真地听着。

接着，叶主任讲：“我们老师和家长带孩子的心情都是一样的，就是让孩子平稳地度过入园焦虑期，更好地适应集体生活，提升孩子的社交能力和自我能力。”

叶主任又给家长添了些茶水，家长做了个谢谢手势，说：“不用添茶了。”后面就比较平和地和叶主任聊起孩子的成长经历：“我家孩子小时候常生病，我们花费了很多精力去照顾，很担心她不适应学校生活。孩子的性格很好，我们就怕别的孩子欺负她。我们希望孩子得到更多的关心与照顾，我们也认同校区的教育。”

叶主任也表示：“后期我们会更关注花花的健康与成长。我们会用心地照顾好花花，让您更放心！”。

放学后，爸爸带着开心的花花回家了。

案例分析

（1）不会突破式沟通的前台人员：“您别生气，有啥事？”

没有做到与家长的感受共情。

（2）会突破式沟通的叶主任：赶紧走到家长旁边，热情地打招呼，让家长落座，给家长倒茶递茶。

突破式沟通技巧：与他人共情，家长的情绪被重视。

家长要退费，叶主任说：“看您很生气，是我们哪里没做好让您生气了？”（家长的情绪被看见，突破式沟通技巧之情绪认同，与他人共情）

“花花爸爸，这几天您看到监控里宝贝一直跟着老师，老师没有抱她，看上去很可怜，看得出您对孩子的疼爱。”

（突破式沟通技巧：陈述事实）

（突破式沟通技巧：同理心）

男家长愤怒的情绪稍缓和了一些，端起水杯，喝了口水。叶主任继续说道："花花宝贝的独立性、适应性特别强，语言表达能力也强，大多数情况下，她不喜欢老师抱着她、限制她，她更喜欢在老师的陪伴下和小伙伴打成一片，做自己喜欢的'工作'。孩子能主动做力所能及的事情，我们都会鼓励孩子。"家长只是认真地听着。接着，叶主任讲："我们老师和家长带孩子的心情都是一样的，就是让孩子平稳地度过入园焦虑期，更好地适应集体生活，提升孩子的社交能力和自我能力。"

（突破式沟通技巧：先跟后带）

案例 2　谁换了我的新车电池？

一个周末，陆先生夫妇开开心心地去 4S 店提新车。来到 4S 店，在签合同时，陆先生发现合同上所写的电池不是当时选车时业务员所说的磷酸铁锂电池。

陆先生便疑惑地问道："这还是我上次看的那辆现车吗？电池怎么不是我要的磷酸铁锂电池，变成三元锂电池了？"

业务员："还是您看的那辆车啊，厂家给车辆用的电池是随机的，选车是不能选电池的，大家都用三元锂电池，这个电池更好。"

陆先生听到业务员的回答，火气就来了："当时我看这辆车时，问你电池是不是磷酸铁锂的，你说是的。你没告诉我电池是随机配的，不能选电池，你当时说的就是我要的磷酸铁锂电池。现在不是我要的电池，我要退车。"

业务员说："车退不了，车牌照已经申请下来了，车已经属于您了，退不了。"

陆先生更生气了："找你们负责人来！"

易经理了解了情况后，说："我们的车是不能选电池的，车没来到店里，我们都不知道是什么电池，别的顾客都不太过问电池的事。"

陆先生："我看的是现车，当时问了你们工作人员这辆车是不是磷酸铁锂电池，你的员工说是，我们才干脆地定下了这辆车。选电池的事也是今天我问你们才说的。"

易经理："哦，业务员没提前告诉您预定车不能选电池的事，是他的不对。车是退不了了，送您两个电动牙刷可以吧？您还不满意就走法律途径。"

陆先生听完易经理的话，更火了。

案例分析

在这个案例中，不会突破式沟通的店员和经理让本来开开心心来提新车的陆先生夫妇火气很大。

为了提高 4S 店的服务质量，业务员和易经理参加了公司安排的突破式沟通培训。通过突破式沟通的学习，两人反思在与陆先生沟通时的不足之处，他们说如果再给他们一次机会，他们会这样做：

陆先生："这还是我上次看的那辆现车吗？电池怎么不是我要的磷酸铁锂电池，变成三元锂电池了？"

业务员："陆先生，这还是您上次看的那辆车，看来您是倾向于要磷酸铁锂电池是吧？"

（突破式沟通技巧：陈述事实）

陆先生："是的，我专门做了功课的。当时我问你这辆车是不是磷酸铁锂电池，你说是的。"

业务员："对不起，陆先生。是我当时工作做得不细致，没有了解您对磷酸铁锂电池的特定需求，也没对您当时选的这辆车的电池做检查。给您造成了不便，真的很抱歉！"

（突破式沟通技巧：陈述事实）

陆先生："那怎么办呢？能给我换一下其他车吗？"

业务员："陆先生，很抱歉，这辆车已经在您的名下申请车牌了，车就属于您了，更换不了。"

陆先生："哎，怎么这样办事呢？你们办事太不专业了！"

陆太太："真是的，今天开开心心来提车就遇到这样的事！"

业务员诚恳地对陆先生、陆太太说："陆先生、陆太太，真是太抱歉了，因为我工作的大意，没让您选到中意的电池，还破坏了你们本来美好的提车心情。真的对不起！"

（突破式沟通技巧：同理心）

陆先生："哎，还有别的办法吗？"

业务员："陆先生，退换不方便，还会损害您的利益，因为我给您带来了不便，我来承担您相应的损失，您看可以吗？"

（突破式沟通：破框法）

陆先生和陆太太商量了一下，说也只能这样了。

4S店的两个工作人员感慨，面对同样的人、同样的事，学会沟通对工作的提升帮助很大。在后期的工作中，他们运用突破式沟通的技巧做好了顾客服务。

冯子珺

有13年经验的儿童成长教练
亲子关系疗愈师
突破式沟通授权讲师

唤醒孩子沉睡的学习能力和自信心

由于工作原因，我在 13 年里接触了大量“不爱”学习的孩子，可是我依然深深地相信，每个孩子都是天生的学习者，对孩子来讲，学习是一件快乐的事情。

有家长带着不想上课的孩子来找我，我经常会看到这样的画面：孩子抗拒地站在门口，不愿意进门。

家长一般会如何处理呢？

有的家长会直接斥责、数落孩子：“我们不是说好了，你现在又反悔，你怎么这么没用！”“你不学习，你想干什么？学习不好，干什么都没用！”

有的家长会尝试拉着孩子往里走，往往孩子会使出最大的劲来反抗，例如使劲甩开家长的手，大声地尖叫，哭喊着“我不要……”，或者定在原地，一动不动。

有的家长会一味迁就孩子，一边拍着孩子一边说：“不想学不要紧，我们走吧！等想学了，我们再来。”然后把我拉到一边跟我说：“老师，你看他都这样了，我还是先带他回去吧！”

第一种家长属于猛推型。他们的言语中透露着深深的无力感以及长期累积的情绪，如沮丧、失望，甚至是愤怒，随时可能爆发和崩溃，最后两败俱伤。

第二种家长属于想轻推、推不动型。他们不知所措，不知道如何开口说话，太多次负面反馈让他们失去了表达的欲望。而拉的这个动作，让我感受到心酸与无助。

第三种家长属于不推型。在太多次的博弈中，家长变得小心翼翼，他们已经不敢轻举妄动，表面上平静，其实内心非常煎熬，太多想对孩子说的真心话不能表达出来。

我们看到的，只是站在门口的那一两分钟，由此我们可以推想，之前的无数个日子，又是怎样的场景。

不论孩子表现得怎样，我们始终有一个信念，孩子一定希望自己能够更好，哪怕他们做得一团糟，父母也是这样想的。有了这个信念，教育和人的成长才有了意义。这也是为什么在开头，我要将“不爱”两个字打上引号。他们只是在一次次失败的尝试中感受到了困难、沮丧，在内心上了一道锁，一道我“我不行”“我不能”“我做不到”的锁。如何通过沟通打开孩子心里的这道锁呢？

先从“看见”他这个人开始吧！

前不久，有个小女孩来到我这里，让我印象非常深刻。印象深刻是因为在我们沟通之后，她灌了铅似的腿突然变得轻盈起来，好像会跳舞；她被施了魔法似的呆板的表情，换成了久违的笑容。

刚见面时，她同样站在外面，非常焦虑。我出来迎接时正好看到她妈妈在跟她说着什么，希望她能够进来。走近一点，我听到小女孩正在说："都是你，我说了不来的，都是你……"她妈妈看到我连忙把我拉到一边，无助地说道："你都不知道我是怎么把她哄来的，一路拉着……"

我看着她妈妈的眼睛，微笑着说道："您可以先进去坐着休息，里面的椅子舒服点。"这位妈妈马上理解了我的用意。（当然，如果是极度缺乏安全感的孩子，我们不会先让家长离开现场，会示意家长配合，慢慢跟孩子建立信任关系之后，将孩子先带进室内）

"婷婷，你好啊！我是子珺老师。放心，我不是来抓你进去的。"她不说话，同时也没有挪动身体。

"我知道，你可能不想来这里，因为你担心，担心自己不会的部分老师可能会说你，对吗？学习英语这个事儿让你有了不好的感受，你感觉有点难，怀疑是不是自己的能力不行，有点受挫，对吗？"她看了我一眼。

"你知道吗，很多东西我也不会，特别是单词和语法，真的是我的弱项，我上学的时候，每当老师讲语法题，走到我旁边时，我就祈求他赶紧从我身边走掉！"看到她脸上沉重的表情发生了变化，我把手放到她的肩上拍了拍，说："要不，进去坐坐，我们交流交流怎么样？"她虽然没有说话，却跟随着我走了进来。

（这是我跟孩子的第一次见面，在她的内心里已早早把我定义为"和我妈妈一伙儿的人""又是个来教育我，跟我做工作的人”。因此335密码中跟她建立关系这一步特别重要，这种关系的建立来自婷婷能够感受到我对她的接受和尊重，没有强迫，没有拉扯的动作，而是我直接说出了她的感受和想法。当这一刻产生共鸣时，关系就产生了，同时让她看到“我是谁”——我是一个跟她有一样的困扰，愿意和她一起交流探讨这个问题的人）

“找个什么地方坐呢？是大厅，还是办公室？”她的眼睛随着我手的动作开始移动。

“大厅稍微有点热，办公室凉快点，要不去办公室？”我推开办公室的门，她走了进去。

“坐哪呢？”她在办公室到处打量着。

我顺着她看的方向，问：“这里？”“嗯！”她低声回答，同时点点头。

“那好吧！我们挑一张舒服的椅子坐下来吧！我选这一张，你呢？”她拿过一张椅子，坐在了想坐的位置。等她选好，我自然地坐到了她90度角的方向。

（通过提问询问她的想法，让她真的感受到被尊重，同时让她感到安全和放松）

我打开了一本英语书，询问道：“这是你现在学习的内容吗？”她点点头。“那我来挑一篇文章吧，可是不能太难。太难的话，把我自己难倒了，可就太没面子了。这一篇？不行。这一篇？太长了。这一篇？这几个单词我不认识呢！终于找到一篇简单点的了！”我一边翻书，一边自言自语。在这个过程中，我注意到了她偷笑的表情。

（虽然是自言自语，实际是在帮助她厘清和表达内心的情绪）

“那就这一篇，可以吗？”“可以。”她开始用语言跟我互动了。

“可以读给我听听吗?”她没有说话，直接读起来。“嗯，我发现你好多都会读呀！这个、这个，还有这个……这几个长单词都读对啦!”听到我的认可，她显得稍微轻松了一点。“我观察到你是直接读出来的，没有犹豫呢！说明你有拼读的能力哦!”她点点头。

“现在，我们来玩一个游戏吧，把我当语音播放器，在我读的同时，你跟着一起，看我们能不能完美配合，好吗?”

我特意在她读错的地方，放慢速度，加重声音。“哇，我们配合得真好，击个掌吧!”我伸出手，她轻轻地拍了一下。

“现在你再来读一遍，可以吗?”她便开始读起来。“哇，你有没有发现，读得比第一遍流利了!”“是的。”她非常肯定地回答道。

“你有没有发现，你不太确定的词也读对了?”

“是的。”这个时候她整个人都放松了下来。

“你不确定读音的是哪几个单词？能够指出来告诉我吗?”她毫不犹豫地挨个指出。

“哇，你的判断跟我一样呢!”“通过刚刚的几分钟，你有没有发现什么?”她疑惑地看着我。

“你能够发现自己会什么，什么需要加强，是不是?”她点点头。

“你只跟读了一遍，就学会了正确的发音，是不是?”她继续点头。

“说明你有很强的学习能力，是不是?”她有点不敢相信地看着我。

“一遍就能调整，还说明你有主动学习的意识，因为你需要启动观察按钮、记忆按钮……”她眼睛发亮地点点头。

“要不要尝试把读错的词每个读5遍?”她用力地点点头。

“那我们把这段文字再读一遍?”这次，她行动的速度更快了。

“咦，你发现了什么?”

“我的速度更快了!”我把手伸出来又跟她击了个掌。

“你知道我特别佩服你的是什么吗?”

“什么?”她充满了期待。

“你只用4遍就记住了一个单词的读音，这个记忆力真的让我好羡慕。”她笑了笑，不说话。

“第1遍是你自己读，第2遍是你跟着我读，第3遍是你把不确定的每个词读5遍，第4遍就是你自己100%准确流利完成!一共只用了4遍。是不是?”“是的。”

“你猜猜整个过程只用了多久?”“15分钟?”“不到10分钟呢!”她吃惊地笑了笑，嘴巴明显咧得更大了。

“想不想看看自己只需要多久就可以完成这几个单词的默写呢?”她露出了期待的眼神。“你感觉需要多久呢?”“5分钟吧!”

手机计时器到2分多钟时，我询问“现在可以开始吗?”她毫不犹豫地说“可以”。“这个对啦，这个对啦，这个也对啦!猜一猜只用了几分钟?”她微微一笑。“2分多钟，只用了一半的时间!”“我们又发现了什么?”“你其实完全具备背单词的能力，而且速度还挺快，是不是?”她笑着点点头。

“你来给自己打个大大的勾吧!”那一刻，她又笑了，拿起笔给自己打上了一个大大的勾。

（这个过程非常重要，这是一个还原事实的过程，而这个过程就是把孩子内心一道“我不行”“我不能”“我做不到”的锁一步步打开的过程。让孩子看到事实是怎样的，有两个目的：第一，找出她具体做到的每个细节来调整孩子对于自己的认知，也就是背后的信念——我是会的；第二，调整孩子的思维方式，从把焦点集中在自己一直不会的，到看到自己会的并不断尝试提升需要加强的）

“我感受到你特别开心呢！”她点点头，不好意思地看着我。

“我能够采访一下你为什么这么开心吗？”她笑了笑。

“是因为你发现自己完全具备学习的能力，发现自己是可以的，同时也很喜欢学会的成就感，对吗？”“是的。”

“同时你也希望得到同学、老师、父母的认可，让他们看到你是会的，对吗？”“对的。”

“所以，有的时候你不去尝试，是担心自己表现得不够好，对吗？”“对的。”我看到她更加放松了。

“嗯，你真的是一个对自己有高要求又上进的人呢！”她又笑了。

“有的时候是一种自己好像不会的无力感，让自己想向前却又动不了对吗？”“嗯。”

“那我们把打了勾的纸带回家，看到它你就会想起什么呢？”

“我是会的！”她又笑了，沉浸在过去十几分钟的回忆里。

“太棒了！同时我们可以做一些什么呢？”

“我可以按照刚才的步骤去练习！”她不假思索地回答道，仿佛这已经不是什么大不了的事。

“哇，我就说你的学习能力很强吧！还可以做什么呢？”

“还可以看看这张纸，给自己鼓励!”她目不转睛地看着这张纸，如同欣赏一件艺术品一般。

“这真的是个好办法呢!”我竖起大拇指，她也不由自主地向我靠得更近。

“其实我也知道，有时候不会挺正常的，我可以问问老师和那些会的同学。”

“你这个想法听起来很酷呢!”

“我今天真的太幸运了，认识了一个会学习又有勇气的人呢!”她看着我，笑起来像许久不见的老朋友。

(这里已经进入到335密码的最后两步——发掘价值和找到方法。前面在情绪和信念上花了足够的时间让孩子打破“自己不行”的信念，这两步就会容易很多)

每一次，当我带领着孩子穿越重重障碍，唤醒那个沉睡多时的自信的自己时，他们久违的笑容让我深深地感受到他们内心的喜悦。愿每个孩子都能停止自我攻击，破除情绪的枷锁，与充满力量和认同感的自己做伴。

黎静

高级家庭教育指导师
高级青少年学习指导师
高级性格解读师

孩子撒谎，怎么办？

古今中外的人都把诚实视为优良品质。孔子说：“言必诚信，行必忠正。”鲁迅先生说：“伟大人格的素质，重要的是一个‘诚’字。”还有美国心理学家安德森的一项研究显示，在大学生喜欢的品质中，真诚和诚实排名第一和第二。

父母一定期望自己的孩子是诚实的。假如家长发现孩子撒谎了，该如何应对？

故事背景

陶女士的儿子 12 岁，属于活泼开朗、有点调皮的类型。陶女士工作上的烦心事比较多，丈夫经常出差，所以总是陶女士一个人带孩子。孩子刚上初中，成绩中等偏下，陶女士比较担心。

有一天，儿子问陶女士要 300 块钱，说学校要买辅导书，陶女士马上就掏钱给了孩子。

过了几天，陶女士在下午接到了班主任的电话。班主任说孩子上课不认真听讲，偷偷看小说。老师没收了小说，请家长配合教育。陶女士想起孩子找她要钱买辅导书的事，就问班主任买的是什么辅导书，班主任说学校并没有通知要买辅导书，于是陶女士发现孩子说谎了。

“踩坑”的陶女士

陶女士一听就来气了，一定是孩子骗她要买辅导书，拿了钱去买小说。她赶紧请假，丢下公司里一堆工作，火急火燎地往家里赶，恨不得马上找儿子对质。在家里气呼呼地等了接近 1 个小时，儿子回来了，比往常回来得稍晚了一点。（以下对话中的妈妈即陶女士。）

一看到儿子，妈妈就急冲冲地大声说：“我问你，我给你的 300 块钱，你拿去干什么了？”

儿子低着头，紧抓着自己的书包带，没出声。

妈妈更急了，大声且快速地说：“怎么不说话？你哑巴了？”

儿子很不情愿地小声说：“没干什么。”

妈妈声音更大了：“你拿去买什么了？”

儿子（有点不耐烦）：“没买什么！”

妈妈更加生气了：“你还不承认！什么辅导书，我看你就是拿去买其他东西了！”

儿子大声反驳：“我没有！”

妈妈恼羞成怒：“好啊，你还嘴硬！今天老师都给我打电话了，说你上课看小说。我看你就是骗我给你钱去买小说！我和你爸都怎么教你的，你怎么会变得这么不诚实？你说，你都跟谁学坏的？是不是老和你一起玩的那个小东，我看那小子就不是个读书的料！这样下去还了得！你还怎么考高中、考大学，怎么做一个有用的人？你赶紧老实给我说清楚！”

儿子愤怒地冲进房间，砰地关上房门并把门反锁起来。任由陶女士如何敲门、怎样喊，孩子都不愿意开门。

孩子关上的，不只是房门，更是心门。

“踩坑”解析

情绪死角把沟通引到了“坑”里

在工作压力与突如其来的消息的刺激下，陶女士有了强烈的情绪波动。她从一开始就带着激烈的情绪说话，激起了青春期儿子的逆反心理。

信念死角使“坑”陷得更深

陶女士认为，孩子在故意欺骗，欺骗是很不好的行为，有了欺骗行为，读书就不会好了，人生就走歪了，无法成才了……这些限制性信念，进一步助长了其负面情绪，结果把儿子越推越远。

身份死角使沟通关系彻底破裂

在沟通的过程中，陶女士无意识地把自己定位为审判者、管教者，忘记了“妈妈”这个身份定位，同时，陶女士又把孩子和他在乎的朋友都定位为没出息的人，伤害了孩子的自尊，直接致使沟通破裂。

采用突破式沟通

与班主任通话后，陶女士首先觉察自己的情绪状态：很烦躁、生气，也有担心。她放下工作，给自己倒了一杯水，慢慢喝了几小口，做了几个深呼吸，对自己说：“是的，我看到了我的烦躁、生气和担心，我接受我的烦躁、生气和担心。”

（观照自己的情绪是第一要务。当情绪稳定了，我们自然能生发出应对棘手状况的智慧。）

在回家路上，陶女士买了孩子喜欢吃的水果，准备和孩子边吃边聊。

（切忌买孩子喜欢吃但平时不允许孩子多吃的东西，因为太反常，孩子一下就会警觉：妈妈处心积虑来“套路”我。）

回家后，陶女士继续觉察情绪、自我调整。听到孩子的开门声，再做三次深呼吸，默念：“效果比道理更重要；没有冲突，只有不同观点；情绪是信念的投影；我是爱孩子的妈妈。”

（确保自己在开始沟通前，已安装好突破式沟通的三道防火墙，已做好身份定位。）

妈妈（正常语调）：“回来啦？”

儿子低着头："嗯。"

妈妈："我看你好像有点不开心，有什么需要妈妈帮助的吗？"

儿子："没什么。"

妈妈："我买了你最喜欢吃的水果，你想现在吃，还是晚饭后吃？"

儿子："现在吧。"

（与孩子共情，创造轻松的氛围，让孩子放松。

在关于什么时候吃这个问题上，陶女士给了孩子两个选择，赋予孩子自主选择权和掌控感。）

开始吃水果。陶女士用和儿子相似的姿势吃，用和孩子相似的语调与儿子闲聊。儿子吃着吃着，慢慢放松下来。

（模仿孩子的肢体动作、语言模式，建立与其同频的沟通关系。）

妈妈："今天有个同事讲了一个笑话，把我们乐得呀，你想不想听一下？"

儿子："好啊。"

妈妈："大冬天里天气很冷，一个大学生躲在被窝里不想起床，就让室友帮自己随便想个理由逃课。这个人呀，确实顺利逃了那天上午的课，结果第二天，你猜怎么着？"

儿子："被老师罚了？"

妈妈："结果第二天，这个人中暑的消息就传遍了他们班级和宿舍。"

儿子："哈哈哈，猪队友！"

妈妈："哈哈哈，是啊！你反应很快耶，一下子就抓到了笑点。你知道吗？我有些同事过了好一会儿才知道是怎么回事呢！"

儿子嘴角上扬。

（分享自己的日常、分享笑话，使沟通气氛更轻松。

男孩都本能地渴望赢得母亲的肯定和赞许。要用心留意孩子值得肯定的点，给予赞许。）

妈妈："那你今天在学校有什么特别的事情可以跟我分享一下吗？"

儿子放下水果，稍低下头，说："是不是老师给你打电话了？"

妈妈（平和、微笑）："嗯，老师确实给我打了电话，说了你上课看小说的事情。我相信你这么做一定有你的理由，你愿意和我说一说吗？"（肯定行为动机、尊重孩子，把说与不说的选择权交给孩子）

儿子小声地说："我想快点看完那本小说，就在上课的时候看了一下。"

妈妈："哦，那小说一定很吸引你。"（肯定行为动机，肯定感受）

儿子："是，好好看！大家都在看。"

妈妈："哇，这么好看呀！可以借我看一下吗？"（跟感受，与孩子共情）

儿子："可是被老师没收了，我都不知道该怎么还给人家。"

妈妈："哎呀，真可惜！小说是别人借给你的？"（跟情绪感受、跟信念价值、澄清信息）

儿子："嗯，小东借给我的。"

妈妈："哦，小东真是好朋友呀，分享这么好看的小说给你。"（跟信念价值、跟身份、肯定孩子的朋友、肯定朋友的行为）

儿子："嗯，因为我帮了他一个小忙。"

妈妈（带着欣赏）：“哦，你帮助了他呀，我儿子真是乐于助人呀！你帮了他什么呀？”（肯定行为、肯定信念价值、收集信息）

儿子小声地说：“我借了一点钱给他修眼镜。”

妈妈：“哦，他眼镜怎么了？”（猜想到孩子要钱的原因，但避开询问这一点，留空间给孩子自己说）

儿子：“他不小心弄坏了，怕被他爸爸骂，不敢告诉家里。”

妈妈：“啊，那他一定挺为难的。修眼镜贵不贵呀？”（与孩子站在同一角度、共情）

儿子：“有点贵，要600多块钱。”

妈妈：“哦，确实有点贵。你和小东真是很要好哦，你省吃俭用借给他的吧？”（跟感受、跟信念价值，肯定孩子与好朋友之间的关系）

儿子（小心翼翼）：“其实……我用了你给我的300块钱。”

妈妈（平和）：“哦，那学校要买的书怎么办呢？需要妈妈帮忙吗？”（不点破孩子的隐瞒行为，给机会让孩子自己说出来）

儿子（低着头，有点紧张）：“其实……学校不用买书……我……是怕你不同意我借钱给小东。”

妈妈（温和而真诚）：“哦，我了解了，谢谢你告诉我真相。当你告诉我之后，是不是感觉轻松了一些？”（肯定行为、与孩子共情）

儿子松了一口气：“嗯。”

妈妈：“其实呀，我也曾经选择过隐瞒一些事情不说，因为我害怕说出来之后，无法承担后果。后来，当我鼓起勇气说出来之后，我发现，其实也没有我想象的那么可怕。你觉得是不是这

样?”(分享亲身经历，与孩子共情)

儿子：“是，我之前怕你们骂我……”

妈妈（态度真诚）：“是的，我也体会过那种担心和害怕。儿子，无论怎样，妈妈都爱你，并且会尊重你认为正确的选择。”(与孩子共情，表达无条件的爱，让孩子感到安全；尊重孩子的选择)

儿子有所触动，看着妈妈没说话。

妈妈：“我想，你已经从中学习到了什么是坦诚，并体会到了坦诚带给你的轻松，是不是?”

儿子：“是。”

妈妈（表达欣赏）：“在你刚才告诉我真相的时候，我还看到了你敢于承担自己行为后果的勇气。妈妈为你感到骄傲！其实，如果你遇到了难题，妈妈是很愿意帮你一起解决的。所以以后，你愿意告诉我真实的情况，我们一起想办法面对吗?”(肯定行为、与孩子站在同一战线、表达支持)

儿子：“好。”

妈妈：“那被老师没收的书怎么办呢?”(鼓励孩子想办法)

儿子：“我明天去找老师承认错误，看看老师能不能还给我。”

妈妈：“勇于承认错误，很棒哦！有什么需要妈妈帮忙的吗?”(肯定行为、表达支持)

儿子：“我自己可以搞定。”

妈妈：“很好！小说要回来之后，我们怎么安排好时间，兼顾看小说和学习呢?”(引导孩子自己想办法)

儿子：“我会安排好时间，不会在上课时间看的。”

妈妈：“真棒！妈妈相信你可以做到！妈妈还想和你做个约

定，我们一起定个小目标，达成小目标的奖励就是买你喜欢的小说，你觉得怎么样？”（结合孩子的兴趣进行后续引导）

儿子：“真的吗？好啊！”

……

突破锦囊

• 我们的所见所闻并非事实的真相，激烈的情绪往往遮蔽了洞察真相的智慧。觉察情绪、调整信念、定好身份，用突破式沟通拨开迷雾、看清真相。

• 孩子的心门在父母的怀疑、指责与操控中紧闭，在父母无条件的爱与接纳中敞开。爱与接纳，是亲子沟通中最美的基调。

• 在孩子的谎言背后，有其正面动机和想要守护的小秘密。活用突破式沟通 335 密码，充分跟随、肯定孩子，创设安全、尊重、包容的空间，让孩子自愿表露心声。

吴立新

青少年问题专家
资深家庭治疗师
沟通力培训师

让爱流动的语言

在一个下着罕见暴雨的周末，妈妈带着孩子来咨询，可见她是急坏了。

孩子在市重点高中上高一，成绩下滑，爸爸怪妈妈没管好，妈妈怪爸爸不陪伴，两人都怪孩子不努力，孩子干脆不上学了。

我的助理提醒我，母子俩已经找过三个咨询师了，那些咨询师都没有搞定孩子。这次他们是经朋友的介绍，抱着试试看的心态来找我的。

看着在门口收雨伞的妈妈，我走上前打招呼：“您好啊！您是××女士吗？今天的雨真是少见的大呀！”

（咨询师在没有弄清楚来访者的意图前，最稳妥的打招呼方式是谈天气，和来访者建立联系）

同时，我看到一个头发蓬乱、目光躲避的孩子，我也和他打招呼："这位先生，你好！大家都称呼我老吴，我怎么称呼你？"

（有部分青春期的孩子比较排斥别人把他们当小孩看，所以我称呼孩子为"××先生"）

孩子打量着工作室，一声不吭。

妈妈一边自我介绍，一边嗔怪孩子："说话呀，叔叔问你呢！哦，他叫×××。"妈妈替孩子回答道。

刚坐下来，妈妈就急切又详细地介绍了孩子和家庭的情况。她控制着交谈的节奏，语速快而急躁，像疾风暴雨，让人有一种摆脱不了的压力感。

孩子在一旁不时斜着眼看着妈妈，不时地皱眉，依然一声不吭。（咨询师猜测，孩子对妈妈表达的内容是有些反感的）

我一边听，一边捕捉着妈妈语言里的信息，同时在心里做着各种判断和假设。在我看来，这位妈妈希望有一个人来帮她说服孩子。似乎只要孩子好了，一家人就都好了。

"唉，又是一位控制欲很强，同时内心又特别柔软的妈妈！"我心里感慨着。

短暂的沉默后，妈妈又说："唉，我知道孩子的问题就是我们家长的问题，但是……"

"这是谁说的？您可以这样说，但这个话我绝对不承认。"我认真地说道，"孩子出现这样的问题是有各种各样的原因的，没有哪一个妈妈是想害孩子的。如果非要说你们有问题，那就是你们和孩子生活在不同的时代，产生了不同的思想和行为习惯。你们的思想和孩子的思想并不兼容，因此有些冲突而已。这是你们的错吗？"

（在沟通或者咨询中，有些来访者会主动说“这是我的错”，大部分是为了不被别人批评，所以首先自我批评，也有可能是潜意识层面的试探：你是否理解我？你是否和我站在一起？所以在对话的过程中，我们是要有真正的同理心的，要理解来访者的难处，并且帮他们找到问题的原因，在情绪上让他们觉得这不是他们的错，这是建立关系最重要的部分。关系好了，才能让谈话进行下去。在上面一段话里，咨询师既用了同理心，也用了“先跟后带”技术里的“先跟”，跟的是来访者潜意识里的情感）

当我说完，我看到这位妈妈的神情明显地一愣，深深地呼出一口气。她或许在想：眼前的这位咨询师好像跟以前接触过的不同，那些咨询师是没有直接批评自己，但他们都说孩子的问题就是家长的问题。今天为了避免再次被这样说，我自己主动检讨了，这位咨询师居然没这样说。

我继续说道：“您说的情况我明白了，您希望孩子能返回学校，同时您也知道，这需要一个过程。如果把孩子回到学校正常上学当成一个终极目标的话，我们来分解一下，第一步您希望有什么改变？”

（在咨询中，厘清目标是非常重要的一步，我们要理解来访者的目标，同时也要明确咨询师的目标。当目标很大的时候，我们要懂得分解目标）

在我的引导下，我和她就第一步目标展开了讨论，最后定下的目标是：先处理家庭里爸爸对孩子和妈妈的负面情绪，让家庭的氛围好一点，或许这样对孩子来说是有帮助的。

我跟她说：“家庭亲子关系好的时候，父母说的话孩子才听得进去，您觉得是这样的吧？要不然孩子总在和你们对抗，这都不像一家人了对吧？”

（咨询师再次与家长共情）

妈妈若有所思地点点头，说：“是的，是的。”

和妈妈达成了共识，我继续说：“那您具体说说吧，家里怎么了？您老公和孩子怎么了？”

（咨询师和来访者建立起关系，有了一致的目标后，邀请来访者还原事实）

听到我的询问，孩子又看着窗外轻蔑地哼了一声。

听着妈妈的陈述，我仿佛看到了这样一个画面：

傍晚，一心惦记着孩子的爸爸急匆匆回到家，孩子头都没抬，继续玩着手机……

爸爸看着孩子，忍住火气，望向厨房里的妻子，失望地在心里抱怨：孩子又在玩手机，你就不能管管吗？

（爸爸无视在厨房做饭的妈妈，一进门就关心孩子，会让妈妈觉得自己被忽视了）

爸爸以一种看似和蔼的态度问孩子：“你这样天天玩手机有意思吗？到底要不要去上学？你如果不上学，说一声，我也不逼你！”

（孩子可能觉得爸爸只看到他玩手机这件事，而并不关心他。爸爸没有理解孩子的需要）

孩子听到爸爸的逼问，依然一声不吭，转身就回了自己的房间。

被孩子无声反抗了的爸爸，无力地叹了口气，忍着内心的愤怒对孩子的妈妈说：“你看看，孩子都是被你惯的，你看你……”

（爸爸将愤怒转移到妈妈身上，同时，孩子听到爸爸因为自

己在责怪妈妈，孩子会面临双重压力）

妻子也是满肚子的委屈："孩子这样好像都是我的错，人家心理老师都说了，孩子的问题就是家长的问题。孩子小的时候，你忙工作，不陪孩子；现在孩子到了青春期了，有话你就不能好好说？天天一回来就这样……"

（孩子妈妈也没有理解孩子爸爸的需要，是没有同理心的表现）

听完孩子妈妈的陈述，我说："看来孩子爸爸对你有很多的期待（抱怨）呀！"我差点说错了话。

（咨询师帮助妈妈意义换框，让孩子妈妈对孩子爸爸有不同的理解）

六十分钟后，妈妈依然是若有所思的样子，但走出工作室的步伐轻快了许多，外面的雨也停了，夏日的空气也仿佛没有那么燥热了。

一周过去了，工作室再次迎来了这对母子。不同的是，孩子主动和咨询师打招呼了："吴老师，不是，老吴！"

"你瞧这孩子，叫吴老师！"妈妈怕孩子怠慢了我，纠正孩子。

"我就喜欢别人称呼我为老吴，是我上次这样介绍自己并要求孩子这样称呼我的，这样称呼，我们的关系比较亲近。"

（虽然咨询师在和妈妈说话，但实际上是在和孩子建立身份平等的关系，为了更方便和孩子对话）

坐下后，我问妈妈："怎么样？我们今天谈点什么？"

妈妈笑着说："哎呀，我告诉你，吴老师，我老公这两天有了变化，我孩子也变得开朗了许多。"孩子这时候似乎为了证实妈妈的话，腼腆地微笑着，在椅子上正了正身子。

我问："发生了什么？和我说说呗，我很好奇。"

"你听我说啊！上周日我出了咨询室，回想着你的话，确实啊，原来我的心思全在孩子身上，忽视了他爸，而且总是嫌弃他爸这不好、那不好，就像他爸嫌弃孩子一样。知道了问题的原因，我就调整呗！那天我带着孩子顺路买了点菜就回家了，到家后他爸也不在。"

随着妈妈的陈述，我仿佛看到了这样的场景：

回到家的妈妈依然一头扎进了厨房，在心里想着孩子爸爸回来的样子。

五点多，客厅的门响了。

"回来啦！"她和丈夫亲切地打了声招呼。

"你带孩子去哪里玩了？儿子呢？"孩子爸爸急切地问道。

孩子妈妈朝儿子的卧室努努嘴，爸爸走过去，打开儿子的房门："怎么又在玩手机？出来出来，去运动运动！"

儿子没有反应。

"你这孩子怎么这样？和你好说歹说，你都不听！"爸爸又被激怒了。

"唉，你儿子长大了，每天都能气着你这个当爸爸的了。你看，把你气得！当爸爸不容易哦！"孩子妈妈不紧不慢地说道，"你坐下来喝杯水，晚饭一会儿就好，晚上我找儿子谈谈吧！"

（妈妈首先用"你儿子……"这句话让孩子爸爸认识到自己父亲的身份，从而让孩子爸爸更有力量去面对孩子的行为，然后用一句"你看，把你气得！"让孩子爸爸感受到被理解，最重要的是妈妈在语言和神情上表现出和爸爸站在一边的态度）

“嗯。”

不知怎的，今天孩子爸爸没有如以前一样责怪孩子妈妈，甚至把自己的火不知不觉地收了起来。

儿子虽然没有说话，但一直竖着耳朵在听。“奇怪，他们今天怎么没有吵架?”儿子满心疑惑地想着，心里轻松了许多。

（妈妈的这句“你儿子长大了，每天都能气着你这个当爸爸的了”，让孩子在潜意识里意识到“我能气到爸爸”这种自我价值感，因为青春期的孩子觉得自己能够伤害到大人，是自己一种能力的体现。妈妈这句话对孩子来说也是同理心的体现）

晚饭端上桌了，妈妈对着卧室喊道：“儿子，你亲爹喊你出来吃饭!”

（妈妈说的“亲爹”这个词，让丈夫觉得妻子在替自己说话，也让儿子觉得既是妈妈在喊自己吃饭，也代表了爸爸的态度，在身份层面加强了父亲的身份价值认同，强化了丈夫和儿子的关系。妈妈的这些话缓和了家庭原有的紧张关系）

让人惊讶的是，过了半晌，儿子居然慢吞吞地走出自己的房间，跟父母一起坐下来吃起了晚餐。三个人已经很久没有在一起吃饭了。不经意间，父亲给儿子夹了一筷子菜，儿子瞥了一眼父亲，妻子给丈夫也盛了一碗汤。

晚饭后，孩子爸爸没有像往常一样打开电视，而是去了阳台，默默地点燃了一根烟。孩子妈妈看着阳台上一明一灭的烟头，仿佛看到了家庭和睦的曙光，感慨道：“今天难得家里和和气气的，没吵架。”她转身在冰箱里拿了两罐可乐，去敲儿子的房门：“儿子，喝可乐吗?”

看着开门接过可乐却依然沉默的儿子，妈妈忧心忡忡地说道：“唉，你爸爸的这脾气，真是要命！这可怎么办呢？他老是这样，你怎么承受得住啊？”

（妈妈用同理心还原事实，认同孩子的情绪感受，让孩子感觉到被理解。“先跟”孩子的感受，然后“带”，“你怎么承受得住啊”不仅仅带领孩子去思考解决问题的方法，更重要的是仿佛在对孩子说：“这不是你的错，你承受了很多，同时还要承受爸爸的情绪，你好棒！”）

听到这样的话，儿子愣了愣，轻蔑地说：“没事，他就是这样，从来都看不起我、嫌弃我！反正就是骂呗，无所谓，我也习惯了，反正我也不抱什么希望！”

（孩子觉得被理解了，说出了心里话，虽然是带着情绪的气话，但孩子能表达出感受并被父母接住时，有效沟通就开始了）

妈妈看到儿子眼里泛起了泪光，这个要强的孩子在拼命地忍着。

这是儿子第一次这样说，也是儿子第一次这样袒露心扉。这时，妈妈看到阳台上的那个烟头猛地一亮，那是孩子爸爸狠狠地吸了一口烟。她知道，孩子的话引起了爸爸的思考。

作为家庭的女主人，她知道，她的丈夫或许在明天会是一个新的爸爸。

明天一定是新的一天……

听完来访者的描述，我为来访家庭高兴，同时也觉得这个案子一定会有不错的咨询效果。

通过咨询，这个孩子在两年后考取了政法大学。

诺暄

突破式沟通授权讲师
青少年演讲教练
NLP执行师

让沟通成为爱的桥梁

我是一个音乐教育平台的创始人。2019 年，我们创办了一个音乐艺术中心，创办初期，就遇上了 3 年疫情。在此期间，我们从未拖欠过老师的一分工资，及时交社保，勉强维持着运营，这既是艰苦的创业，也是自我提升。但当我们将学校交给执行团队来管理，待疫情结束，准备全力做好校区的时候，机构却出现了很多管理上的纰漏。就在 2021 年的 6—8 月，我们的执行校长，还有团队的全职老师陆续离职，导致了一系列的连锁反应。这一路走来，我明白了一个道理：管理团队像管理孩子一样，你假手别人，收回时遇上青春期叛逆的孩子，就很麻烦了。

在这个最艰难的发展期，面对家长退费、新旧老师交接的连环窘境，突破式沟通的场景化运用成为我们思路上的灵药！

现在就将这个案例分享给大家。

大多数家长都会用这样一句话来退费：“我们也没有办法，但是孩子不想学了。”这种简单粗暴的话术不仅掩饰了实际的退费理由，还对我们的自我效能感造成了很大伤害。一般老师遇到这样的情况，会立刻产生情绪，然后不停地跟家长强调校区的优势。“您看我们现在的校区管理升级了，老师服务也优化了，接下来我们会陪伴孩子一起成长，孩子不想学，我们应该让孩子学会坚持……”这种在入学时就已经让家长麻木的话，在应对退费困境时无异于隔靴搔痒。首先，家长来退费的根本原因就是对学校失去信任，并且由来已久，此时再宣传校区的优势，无济于事。其次，在这样的情况下，如果我们还不断地试图引导家长和学生的行为，只会加重对方的不信任和背离感。家长心想：我送孩子过来，就是为了让你们帮我培养，你们最后又把问题丢给我，只会让我觉得现在退费是及时止损。最后，说“我们应该让孩子学会坚持”是在表明家长不会教育，会让家长坚定退费的想法。

我们的方案是，顾问老师需要第一时间出现在家长的面前，与家长电话预约见面时间，千万不要一见面就给家长解释说教。每个退费的家长都有自己的防御机制，也带着愤怒的情绪，如果我们直接去说教，有可能会招致更大的反感，让双方都丧失理智。顾问老师要做的先是安慰家长，理解他们的心情。在耐心听完家长一连串的退费理由后，真诚地对家长说：“家长，我非常理解您现在的心情，也感受到您对校区的不满意，我也比较赞同您对孩子的教育方式，孩子的童年只有一次，快乐是一定要有的。之前我们校区确实做得不到位，教学服务没有做好，您既然决定不选择我们继续做教学服务，一定有您的原因。如果是我家孩子遇到这种情况，我也会着急和担心的。”这是充满同理心的沟通模式。

“谁都希望孩子能坚持学习音乐，我们也希望孩子的问题能够尽快解决。我见过其他家长，都特别着急，但是越着急，越会耽误孩子宝贵的学习时间。面对您的这些诉求，我们可以……”接下来的沟通不仅顺势缓解了家长此前宣泄时的焦虑，也向家长展现了顾问老师丰富的经验和一切为了孩子的责任心。话题说到这一步，就可以进行挽留了。就算最后家长还是执意要走，我们也做到了有效止损，树立了好的口碑。

家长想要退费时，缺的不是道理，缺的是对校区的好感，所以我们通过与家长共情，先“跟”，通过故事的引领后“带”，让家长缓解焦虑情绪，重新思考。这个时候，我们再利他地告诉家长，接下来我们校区会如何升级，如何提升教学服务质量。

家长担心因为老师离职换老师对孩子造成影响，我们需要打消家长的顾虑。

可以这样跟家长沟通：

家长，特别感谢您对学校的关注，咱们老师在上个月的时候就离职了，这很正常，咱们学校每年 8 月都会举行教师技能大赛，对老师进行考核，不合格的老师就被淘汰了；有些老师家在外地，他们想回到老家工作；还有些年轻老师需要结婚生子，也是人之常情！

但是您放心，老师在离职前都会交接工作的，每个学生的档案都会交接给接班老师。

其实家长不想让孩子换老师的原因是怕老师越换越差。

2018 年我进入教育行业，一切皆是偶然，也算是必然。选择进入这个行业，相信大家有很多跟我相似的经历，我们最初都是想着给孩子更好的教育，但随着行业的发展，我们会发现，在带课过程当中，家长的问题要比孩子的问题多得多。我刚开始不知道如何跟家长沟通，所以走了很多弯路。从尝试去开家长会到尝试去招生、续班收费等等，我通过沟通做成了很多事。所以借此机会跟大家分享，希望大家知道：在这个时代，突破式沟通已经成为这个时代的创业者甚至每个行业的标配。

我们作为教育工作者，既是知识的传授者，也是思想的引领者。希望大家看了这个案例，能够有所收获，并且用到自己的实际工作当中。

最后，希望大家在做教育的过程当中，带着情怀去做。当我们跟孩子的关系越来越好的时候，能够把这份善意传递给家长，让家长对我们少一些误解，多一些尊重，这也是对自己创业最好的交代。

阮欣

青少年财商顾问
突破式沟通授权讲师
“财商城市文化”总策划

怎么用突破式沟通与亲密的人谈钱

钱引发的各种问题

现在中国的离婚率很高，夫妻关系、亲子关系、婆媳关系大都很糟糕。你有没有想过这些糟糕的关系是什么造成的？

大多数是不是在日常生活中不好好沟通造成的？

比如，我赚的钱凭什么要给你花？

你就在家里带娃，能花什么钱？

压岁钱我替你存着！

怎么又买这么多东西，你就知道花钱！

你化不化妆也就那样，买那么多化妆品干吗？多为家里做点事情，我儿子赚钱不累吗？

这些话都跟钱相关。听到这些话的时候，你是不是会生气？

究其原因，第一是大家都在用错误的方式谈钱；第二是大家都不好好说话，用了错误的方式去沟通，导致彼此的关系紧张，让对方感觉不舒服。

那么，当遇到这些钱引发的问题时，我们应该怎么用突破式沟通解决呢？

谈钱不是问题，不谈钱才会有问题，怎么谈钱？

我记得在某年过年的时候，我朋友给上小学的孩子的压岁钱从一张百元大钞改成了一百张一元钱，让我感触颇深。

她说，一百元钱，孩子拿着不安全，最后还是要给爸妈保管。这个年纪的孩子可以自己买些本子和笔了，或者买点其他自己想要的东西，我想孩子一定很高兴自己可以支配零花钱了。

现在很多家长很避讳和孩子谈钱，一方面是害怕孩子之间会把家长的收入进行比较，对一些中低收入者来说，这会让他们感到很尴尬和羞愧；另一方面，家长们觉得孩子还小，不需要关心钱。

其实这种担心大可不必，已经学习过数字并会做简单运算的孩子，如果开始关心大人的收入，那么他们在得知别的孩子的家长收入较高的情况后，无论从自尊心角度，还是出于隐私考虑，都不会透露自家的状况。

宠坏一个孩子，有时候不需要很多钱。如果一个家庭的成员和所有的亲戚朋友都宠爱孩子，他们就会尽自己所能满足孩子的物质需求，那么孩子就有可能被宠坏。所以，谈钱不是问题，不谈钱才会有问题。不谈钱，就不会用钱。

如果你不教孩子关于金钱的知识，将来就会有其他人代你来教，也许是债主，也许是警察，也许是骗子。

我们要和孩子谈钱的第一个原因，是关于钱的负面新闻太多了，比如为买某手机卖肾、被骗子骗钱等等。

我们要和孩子谈钱的第二个原因，就是要让孩子从小树立正确的财富观，这样他们长大以后才能做出正确的选择。

孩子对于金钱的敏感期

第一个敏感期出现在孩子 3 岁左右。这个年龄段的孩子有了交换的概念，他们喜欢拿着一样东西去换另外一样东西。这个时候，交换只是一种意识，因为孩子心中对于某一种物品的价值判断是没有任何价格的概念的，你认为贵重的东西，在孩子眼里可能没有多少价值，很多时候孩子只是非常享受这个交换的过程。因此，这个年龄段的孩子做交换的时候，不会用价格来衡量交换的公平性。如果你的孩子恰好在这个年龄段，你就不要轻易把重要的东西给他，而是要让他用东西跟你做交换。

第二个敏感期出现在孩子 6 岁左右。6 岁左右的孩子开始区分你的、我的东西，开始有了“这个东西是我的”的物权概念，开始想掌握自己的资源。孩子到了 6 岁以后，会更多地称呼自己为我，这就代表他开始建立自己的“领地”了。你会发现，6 岁左右的孩子总会和其他小朋友抢玩具，无论你怎么跟他说教，好像都没有用。看似简单的争抢玩具，其实是孩子对“我”这个概念的主张，是孩子在主张自己对于物的权利。这个时候，建议你不要制止孩子的争抢，不要对孩子说“你是哥哥/姐姐，你得让着弟弟/妹妹”这样的话，而是要尊重孩子的选择，尊重孩子建立起来的物权界限。

10 岁左右的孩子，家长已经可以给他们钱用了。到了 12 岁，他们的财富观已经初步形成了，已经可以用劳动换取一定的报酬了。总之，财商教育开始得越早，对孩子越有益。

什么是财商?

财商教育同语文、数学是不一样的，它不仅是知识性的教育，更是一种行为素养教育；它不仅仅是关于如何管理钱、如何理财的教育，更多的是管理思维和方法的教育。它通过引导孩子利用金融工具，对金钱、时间、精力、技能等各种资源进行有效的管理，进而学会规划自己的人生，同时引导孩子学会感恩和回馈，建立责任感，培养自尊和良好品格。所以，财商教育绝对不能纸上谈兵，必须付诸实践。在这个过程当中，家庭的影响就非常重要。

3—6 岁孩子的家长，可以通过财商绘本或者购物游戏，让孩子初步接触一些金融知识，更重要的是要在日常生活中传授财商知识。不是与财富相关的场景才能讨论财商，也不是只有谈到钱的时候才是财商教育的契机，生活中有很多进行财商教育的契机。随着社会的发展和家庭财富的增长，财商教育也引起了许多家长的重视，但是他们并不知道什么是财商教育。很多家长将有偿做家务劳动、学习理财知识等当作少儿财商教育，其实这些并不是财商教育。孩子的财商是不会通过一两次讲座或者三五次买卖就能够培养起来的，财商的培养是一个长期的过程，需要孩子接受全面系统的学习，所以，针对不同年龄阶段孩子的财商教育必须量身定制。

3—6 岁的孩子

应知 4 件关于经济的小事：

①你需要用钱来买东西；

②你需要通过工作来赚钱；

③你可以在买东西之前想一想；

④“你想要”和“你需要”是有区别的。

7—12 岁的孩子

应知 6 件关于经济的小事：

①关于如何使用你的钱，你需要做一些决定；

②决定购买之前，货比三家；

③在网上登记个人信息是很危险的，甚至会付出高昂的代价；

④将你的钱存在储蓄账户里，可以保障它的安全并且得到利息；

⑤每得到 1 块钱，应该存下至少 1 毛钱；

⑥使用信用卡就像贷款一样，如果你不能每个月按时将账单还清，你将会被收取利息，甚至欠下比你的账单还多的债。

12 岁以上的孩子

应知 3 件关于经济的小事：

①在选择大学时，将学费考虑进去；

②你应该避免使用信用卡去购买超出你支付能力的东西；

③把你的钱存起来并进行投资。

财商小故事

朋友的女儿 10 岁的时候，嘟着小嘴巴、眨巴着眼睛对她的妈妈说："妈妈，我的零花钱用完啦。"她再一次嘟嘴，妈妈看着她这副乖巧的样子，不忍心说不给，便从钱包里拿出 100 元给她。没想到女儿拿了钱马上跑了出去。不一会儿，她听见开门的声音，抬头一看，只见女儿手里拎着一个塑料袋，里面装了不少零食。

妈妈对女儿说："不是吧！刚给你钱，就出去买东西，还买了这么一大包，花了多少啊？"大家猜猜，她用掉了多少？这个问题留到文末交代。孩子的财商，关系到孩子一生的生活方式和生活质量，不能掉以轻心。

朋友发现自己的女儿花钱毫无顾忌，对金钱缺乏管理意识，不由得一阵心慌。为此，她学习理财知识，她握着笔一边读一边写，将让她受到触动的句子标记好，把感悟记录在触发灵感的句子旁边。

机会总是留给有准备的人，包括对金钱的准备

机会总是留给有准备的人，换句话说是"凡事预则立，不预

则废”。这个观点可以指导我们对孩子进行财商教育。只有家长尽早对孩子进行恰当的财商教育，孩子才能尽早认识到金钱的作用和管理金钱的重要性。

所谓“预则立”，在此可以理解为先存下足够多的钱，当遇到投资机会的时候，就可以拿出一笔钱参与这项投资，从而收获更多财富。因此，家长需要有目的性地培养孩子对待金钱的态度和理财的意识，为将来孩子独立以后能够理财做好准备。

女儿 4 岁之前，我给她买了一盒塑料钱币玩具。我要求她玩完以后，要将玩具全部收回盒子里，这样间接地培养了女儿管理钱的意识。后来，我开始教女儿认硬币上的数字，告诉她硬币的面值。当女儿对钱的面值有了了解以后，每次去买东西的时候，我一定会让女儿看到我付钱的过程，并且会仔细地告诉女儿，我需要交给收银员多少面值的钱才能买到想要的东西。

在女儿幼年时期，我就开始有意识地培养女儿对钱的感知力了。孩子长到八九岁时，就该考虑适当地让孩子有一些零花钱了，这样可以培养孩子管理钱的能力。

零用钱要改名

我们给孩子钱的目的一般有两个：一是孩子逐渐大了，有一点支付能力有利于孩子树立自信心，对于一些价格不高的物品，他们可以根据自己的需求去购买；二是在孩子合适的年龄，让他们接触钱，理解钱的意义，同时让他们管理一定数目的钱，也是为了培养孩子的理财能力。

我们把钱给孩子的时候，如果说“这是给你的零用钱”，潜在的意思是这钱是零用的。孩子对于“零用”两个字会怎么理解呢？一般会按照字面意思来理解，比如，零散地用掉。那么，零用钱就成了培养孩子管钱能力的绊脚石，因为我们没有给孩子暗示管钱的必要性。用钱简单，管钱却没有那么容易。

因此，建议家长们在用词上适当地做一下调整，比如改成："这是给你的备用金。你需要买东西的时候，可以使用，不买东西时可以存起来。存到一定金额以后，可以选择存入银行，获得一定的利息。"

当然，依然会有一些孩子存不住钱，手里有钱就惦记着买吃的、玩的，这就需要家长尽早培养孩子延迟满足的能力，一般具备延迟满足能力的孩子更容易存下钱。怎样培养孩子延迟满足的能力呢？我们来看看作家道格是怎么培养女儿卡罗尔的吧。

延迟满足的能力是孩子掌控自我的能力，也是掌控金钱的能力。

我是用允许女儿买一件特殊的物品的方法来培养女儿延迟满足的能力的。一件特殊的物品是什么呢？

其实很简单，我们会将买东西的选择权交给女儿，但是做了一个规定，就是只能选择一件特殊的物品。在孩子容易哭闹的年纪，就允许她买一件特殊的物品；如果出现任性哭闹的情况，就取消她购买任何物品的权利。只要大人在孩子第一次违规的时候，坚持原则，说到做到，孩子表现不好的话，坚决不让孩子买任何东西，孩子就会牢牢记住这条规则，他们知道哭闹是不起作用的。

也许孩子会在下一次采取迂回策略，用试探性的或者撒娇讨好的方式向家长要两件以上的物品。此时，家长仍然要遵守规定，只能购买一件特殊的物品，违反规定的话，就一件也不能买了。

试探两次后，孩子就知道了父母的底线在哪里，自然就会开始接受这条规定，进而养成延迟满足的能力。延迟满足的能力一旦养成，孩子将受益匪浅。

怎么用突破式沟通与家人谈钱？

还记得本文开头的问题吗？

我赚的钱凭什么要给你花？

你就在家里带娃，能花什么钱？

压岁钱我替你存着！

怎么又买这么多东西，你就知道花钱！

你化不化妆也就那样，买那么多化妆品干吗？多为家里做点事情，我儿子赚钱不累吗？

我们学习突破式沟通后，应该怎么做呢？跟大家说一件我家里发生的事情。

晚上 11 点，爸爸叫大女儿刷牙，大女儿说："我想睡觉。"

爸爸说："不行，你不刷牙就不许睡觉。刷牙就几分钟，现在都过了快个把小时了，你还没刷牙！你不要浪费时间，赶紧刷牙睡觉。"

大女儿说："你走，我不要你。"

爸爸拿着手机，打开了与大女儿班主任的微信聊天界面，以调侃大女儿的口吻说道："老师，××不刷牙。"

大女儿瞬间就"炸"了，爸爸开始倒计时 2 分钟，说再不刷牙，消息就撤不回了，大女儿又怕又慌。

大女儿哭着说："你撤回，把牙刷拿给我，我在床上刷。"

爸爸说："不行，你会把牙膏弄到床上的。"

大女儿不愿意，哭着说："我不会弄到床上的。"

爸爸没有理会，一边开始数数，一边说："你赶紧下床，去洗漱台刷牙。"

爸爸倒数的时候，大女儿去了洗漱台，在牙刷上挤了牙膏，但迟迟没有刷牙。

爸爸依旧不依不饶地对大女儿说："你给我赶紧刷牙，现在这个点你还没睡觉，是谁的问题？是你的问题。"

大女儿发泄情绪，很大声地对爸爸吼了一声。

爸爸指着大女儿说："你再吼一下试试！这么晚不睡觉，牙也不刷，你信不信我把你拖到门口，让你站一晚上！"

大女儿很委屈，大哭。

大女儿跑过来跟我说："妈妈，我想换个爸爸，我不要这个爸爸。"

爸爸听到立马就火了，说："你不要我，我也不要你，我送你走。"

爸爸继续说道："你牙齿好不好是你的事情，跟我和妈妈没关系。你现在不好好刷牙，以后牙齿疼就得去医院，累的是妈妈，花的还是我的钱。"

大女儿依旧不刷牙，爸爸继续在说。

此时此刻，我在干吗？我在给小女儿喂奶，躺在床上照顾 1 个月零 4 天的小女儿。我知道此时此刻，需要我出场了，我立马整理好衣衫，抱起小女儿，先跟大女儿说："不怕。"（站在女儿的角度，与女儿建立关系，并安抚她的情绪）

又跟爸爸说："我腰疼，能先帮我按会儿腰吗？"（让爸爸转

移注意力)

我对大女儿说："你现在好点没有？是不是想要妈妈陪你刷牙？"

大女儿点头。

5分钟后，我带大女儿去床上睡觉了。

我在这5分钟里跟大女儿说："首先，爸爸是为你好，但是爸爸说话的方式肯定是不对的，让你害怕了，感受不好了，对不对？"（缓和女儿的情绪，再次建立关系）

大女儿点头。

我继续说道："牙齿好不好，只有你自己知道，牙齿疼不疼也只有你自己知道。你的牙齿疼过，去医院看过牙医，你还记得吧？"（还原事实，不带任何观点和情绪）

"我明白，这个点你确实很累，很想睡觉了。妈妈也不对，为什么呢？洗澡的时候没有提醒你刷牙。爸爸也不对，爸爸跟你玩游戏玩了好久。你也不对，你放学回来就开始折纸，9点多才吃晚饭、写作业。如果我们把时间安排好，回家先写作业，吃完晚饭再去折纸，然后跟爸爸玩玩闹闹，是不是更好？至于刷牙这个事情，妈妈只能说，如果牙齿痛了，就要去医院，你自己有压岁钱，就得用你自己的钱去看牙齿了哦！"

大女儿诧异地看着我。

我接着说："因为牙齿是你的，不是爸爸的。"（发掘价值，让女儿知道问题所在）

我继续说道："你看，妈妈承认了错误，爸爸承认了错误，你也承认了错误，我们就要改正。我们明天想想怎么刷牙好玩，可不可以呢？因为现在太晚了，要睡觉，明天想好了告诉我，好不好?”

大女儿的心情已经平复下来，牙刷完了，书包收拾好了，躺在床上就睡着了。

大女儿8岁，爸爸用了最强硬的方式去沟通，导致孩子感受不好。刷牙是一件很小的事情，很多父母都遇到过孩子不愿意刷牙的情况，我们一定要注意孩子的情绪，但是原则不能破坏。可以带着同理心跟孩子沟通，遇到问题，先让彼此的情绪都缓和一下，用彼此都能够接受的方式去表达，而不是威胁，尽量不要给孩子的心理造成伤害。

邵慧

突破式沟通认证讲师
中小学生学习顾问
轻松教与学导师

“情”通“理”通，才有沟通！

初二的小华因为在班级活动中与同学有分歧，最后发生肢体冲突，班主任为息事宁人和稀泥（小华这么认为），让小华感觉不公平，他一气之下回到家里，不上学了！刚开始他爸妈劝他没必要这样较真，结果小华干脆把自己关在房间里不出来了，连饭都只能打包挂在门把手上，他想吃时再拿。他爸妈只能隔着门听到里边打游戏的声音，心急如焚的他们来到了我的咨询室。

在初步沟通中，我得知他爸妈经常强压着烦躁、焦虑的情绪，耐心劝说孩子，但孩子就是油盐不进，为此他爸妈经常争吵。如果不调整他爸妈的情绪，就算收集信息也不准确，影响咨询效果。咨询从与他的爸妈共情开始。

咨询师：“孩子即将升初三，是关键时期，却因为学习之外的事情耽误学习，有点儿气孩子本末倒置是吧？”

爸：“就是啊，多大的事啊，以后进入社会，比这夸张的事情不知道有多少！”

咨询师：“嗯，听得出来您是过来人，所以想劝孩子快点回到正轨上来。假如我家孩子这样，我也想让孩子快点明白，赶紧该干啥干啥。”

爸：“是啊，老师，道理翻过来覆过去地讲，可是这孩子越劝越不听啊，现在根本就不跟我们打照面啦。唉……”

咨询师：“好心劝他，都是为了他好，又没吼他、骂他，结果孩子却连面都不见，觉得很郁闷吧？”

爸：“唉，不瞒您说，我就不明白现在的孩子都怎么了！”

咨询师：“您想不通其中的原因？那咱们找找好心劝孩子，孩子却不领情的原因。”

爸：“怎么找呢？”

咨询师：“待会儿我会跟您说一些话，请您二位留意自己在这个过程中的感受，比如有什么情绪、有什么话想说，还包括身体有什么感觉。假如时间倒回到二位刚进来的时候，我听二位讲了孩子的事情，听到二位为了孩子好，耐心劝孩子，我就说，孩子关上房门肯定是有原因的啊！二位说耐心劝了孩子，真的耐心劝了吗？”

爸：“没吼他，没骂他，坐在客厅沙发上跟他谈的啊！这么大的孩子了，也不可能打骂，我们一直都是很注意沟通的。”

咨询师：“那是您以为的耐心，可能孩子没有感受到吧？”

爸：“……”（他看着我，脸上有情绪闪过，没有说话）

咨询师（看着爸爸，等了一会儿）：“看您没说话了，您是想到了什么吗?”

妈:“老师,我跟您说,刚才这个过程就特别像我家的情况,您说的都对,但我越听越不舒服。”

咨询师:“哦,您说的不舒服是什么样的不舒服呢?”

妈:“反正我刚才脑子里就想起儿子说的那句话‘我说不赢你,我不说了,总可以了吧’!其实,平常我也跟他爸爸说过他的沟通方式有问题,是没有打骂,可总是讲道理也不是个办法,还是要说得让孩子听进去啊!”

咨询师:“这个观点我同意,要说得让孩子听进去才行,否则把孩子都说跑了,再有道理也没用!爸爸怎么看呢?”

爸:“我当然知道要说得让孩子听进去啊,怎么才能做到呢?平常孩子妈妈老是说我,可她自己呢,跟孩子讲道理,还不是只有一些大道理,孩子还不是不听。”

妈:“你……老师,你看吧,我家天天就这样,孩子不出来,然后我俩说着说着就吵起来,现在家里的氛围特别不好……”

咨询师:“好,这个体验暂时到这儿。刚才只是一段体验,目的是找找孩子越说越不听的原因。这里有些茶水,二位是喝水还是喝茶?”

爸妈:“谢谢老师,就喝水吧。”

咨询师:“咱们来复盘一下刚才的过程。二位还记得什么词出现的次数很多?道理、讲道理,对吗?”

爸妈:“……”

咨询师:“咱们一句句来找感觉。‘孩子关上房门肯定是有原因的啊!二位说耐心劝了孩子,真的耐心劝了吗?’二位听了,有什么感觉?”

爸："感觉不那么好，就感觉你有点不相信我，我教育自己的孩子肯定是有耐心的，所以我就解释，但心里有点儿不舒服。"

咨询师："是不是感觉我是站在孩子这边的？我站在您孩子这边，一方面呢，您相信我会帮孩子，咱俩还能往下谈，但另一方面呢，我没站在您这边，您觉得应该解释一下，让我了解具体情况，同时心里很微妙地不那么信任我了，不相信我真的能帮您，从您的角度想办法，是不是？"

爸："哎呀，您这么一说，我确实跟孩子反复说老师就算和稀泥，肯定是有原因的。难怪我这么一说，那小子就开始有些不耐烦，虽然也会跟我说，但确实有点想说又不想说的样子。难怪！平常真没想到！"

咨询师："那咱们继续，当我说'真的耐心劝了吗？''那是您以为的耐心'时，您有什么感受？"

爸："我那个时候，脑海里一瞬间闪过一个念头，老师您是不相信我的耐心吗？当然我知道您这样做肯定是有原因的，我自己就调整了一下，我对您没有任何不满意或者感到生气！"

咨询师："谢谢您的理解！脑海里一瞬间闪过的念头您都觉察到了，这点很重要，它是我们内心最真实的感受。虽然您很快做了调整，可后面您就没说话了。我用问句的方式，看起来像引导思考，但听着让人感觉是质疑、是不相信，二位感觉一下！我说到这儿，您二位有想到些什么吗？"

爸："老师，您的意思是我的儿子感觉我不相信他？"

咨询师："心理学中有句话，沟通的效果由对方决定，二位同意吧？我们以为自己有耐心，孩子表现出来的结果却是拒绝沟通。给孩子讲道理没错，可没效果不行，对吧？"

妈："那我们该怎么做才有效果呢？"

咨询师："嗯，好问题！咱再多往前倒倒带，二位还记得我开始是怎么说的吗？"

妈："不怎么记得了，当时就感觉您很明白我们的心情，很想跟您往下谈。"

咨询师："沟通、谈话时，要想往下谈，起码得这样，对吧？印象里，我最先说的是看到孩子为了学习之外的事耽误学习，气孩子本末倒置，对吧？我引用了二位说的话'耽误学习'，你说我就信，不质疑，同时还把二位讲的学校里发生的冲突概括成'学习之外的事'，让二位觉得我是懂你们的！这个在沟通中叫作'跟'，跟对方说的话，跟对方心里的想法，能很快让对方觉得我是懂他的，谈话自然就能往下进行了。"

爸："其实我儿子的想法我知道，他是个不轻易动手的孩子。如果不是人家太过分，他不会动手，那天确实事出有因……（省略部分细节）但老师各打五十大板的做法，让孩子觉得老师把自己当作一个一言不合就动手的坏孩子，所以他特别介意。"

咨询师："那您跟孩子说过吗？"

爸："这个还真没说过……"

咨询师："我是一个什么样的人，这是一个关于身份的问题。一旦身份确定，就会产生一系列的内在信条、价值选择和行为，比如我面对二位，我想做个能帮到二位的人，我确定这个身份选择。同样，我们对他人的认知，最后往往都会回归身份层面。当二位觉得我是懂二位的人的时候，是不是觉得虽然刚才的体验有点儿不舒服，但二位仍然会坐在这里，敞开心扉，跟我继续聊？青春期的孩子会本能地在乎自己在别人心里是个什么样的人，所以，当他感觉到老师对他的身份定位可能是个爱打架的坏孩子时，他会觉得很难过、很不舒服，以至于不愿意去学校，因为这件事对他真的很重要。当他感觉父母对他的身份定位是他是一个不值得信任的人，或者他感觉父母不懂他时，他就关起门来不见面，因为他觉得太受伤、太难受了！”

小华爸爸和小华妈妈对视一眼，过了好一会才开始说话。接下来的咨询，我陪着他们重新梳理事情的前因后果，确定后续的家庭辅导方案。第一步就是结合孩子的情况，给孩子写信，告诉孩子，爸妈理解了他为什么这么介意老师和稀泥，理解了自己的话中有哪些让他难受了。在我的陪伴式辅导下，一周之后，孩子愿意走出房间，跟爸妈一同吃饭、散步了，但还是不太愿意去学校。为此，我们设计了一些亲子活动，让双方多交流彼此的想法，然后父母跟孩子探讨如何成为受人尊重的人，如何面对学校里与同学的分歧，如何得到老师的尊重。不出所料，在初三开学前，小华主动提出上学，在开学前主动跟班主任老师打电话沟通，回归了校园生活。

宋帆

国家二级心理咨询师
北京大学应用心理学硕士
萨提亚家庭关系教练

如何在婚姻关系中应用突破式沟通?

据调查，再幸福的夫妻，一生也有多次想离婚的冲动，因此，婚姻中最重要的能力就是解决冲突的能力。突破式沟通的主要应用场景正是在冲突发生时。

人们都知道婚姻关系对于幸福的重要性，因为人类天然需要安全感、价值感、归属感、爱的联结，这些需求都能在好的亲密关系中得到满足，婚姻的质量直接影响着我们的幸福度。

婚姻经营的重要性在于，婚姻关系是孩子教育的土壤。我们希望给孩子一个充满爱的原生家庭，如果父母经常争吵，孩子就很难愉快地成长，长大后可能也无法经营好自己的婚姻。

在婚姻中，冲突有三大导火索。

第一大导火索是夫妻双方的生活习惯和价值观不同。生活习惯包括喜欢吃什么、卫生习惯、作息习惯等等，价值观包括如何对待金钱、如何对待朋友、如何选择生活方式等等。

第二大导火索是男女的思维方式不同。男性思维以目标为导向，擅长思考分析、总结归纳，在沟通中讲重点；女性比较感性，在沟通中更爱说细节，有时只是分享感受或者希望得到对方的理解，并不需要对方解决问题。男性在婚姻中渴望被尊重、被崇拜，女性在婚姻中希望被呵护、被疼爱、被重视。

第三大导火索就是双方的性格差异。爱享受生活、喜欢浪漫的伴侣，容易引发冲突的点是花钱大手大脚；思考很深入、思维缜密的伴侣，容易引发冲突的点是爱批评指责，追求完美；精力充沛、追求成就的伴侣，容易引发冲突的点可能是脾气比较暴躁，决定的事情不能接受反驳；冷静温和的伴侣，容易引发冲突的点可能在于不爱表达。

所以婚姻关系一方面是一门科学，我们需要了解双方的原生家庭、男女思维差异、性格，同时也是一门艺术，需要带着爱，根据不同的情境解决冲突。什么是真正的爱？《少有人走的路》中是这样定义的："爱是帮助另一个人心智成熟的行动。"婚姻中不会没有冲突，但正是痛苦和冲突让我们拥有完整的人格以及更成熟的心智。

那婚姻中如何应用突破式沟通？我和先生已经过了二十五周年银婚纪念日了。回首我们的婚姻，第一阶段非常甜蜜，虽然生活条件不好，但是冲突比较少；第二阶段，发现现实并不如想象中美好，开始有压力，加上孩子出生，开始冲突不断；第三阶段，通过学习心理学以及家庭经营方面的知识，意识到夫妻关系是养育孩子的重要基础，开始把经营夫妻关系作为重点。通过学习突破式沟通，我们处理沟通问题时变得游刃有余，夫妻关系也朝着越来越好的方向发展。

说生活中的一件小事。我因为过敏性鼻炎，早上一醒来就会一直打喷嚏，非常难受。先生因为被吵醒，就带着怒气说：“你打喷嚏也不找个时间，我睡得正香呢！打喷嚏也不小声一点！”

按常理，我会很生气，本来过敏性鼻炎就让人难受，还被人批评指责，应该本能回应：“我能控制打喷嚏吗？是我想打喷嚏吗？我这么难受，你还这样说我！我难道是故意影响你睡觉的吗？”如果是这样，大家可以想象，一场大战就会爆发，一个美好的周末也会泡汤。

突破式沟通的三个沟通死角，第一个就是情绪。我当时的感觉就是很好笑，先生每次睡觉被打扰都会发脾气。于是，我没有被情绪绑架，而是思考了一下，回应道：“世界上只有两件事情我控制不了，一件是打喷嚏，一件是爱你。”从此，先生再没因为早上我打喷嚏发过脾气，这个段子在朋友之间流传开了。其实婚姻中引起争吵的事大部分都是无关原则的小事，如果每次都能把负面情绪转化为积极情绪，那冲突不仅能被化解，还会转化为爱。

幽默和善于自嘲的人，可以把尴尬、误会、伤害统统化解掉，前提是你自己的情绪要稳定。

还有一个例子。有一段时间，先生开车时速度非常快，有许多研究称，男性在开车时有掌控感、成就感，大脑会分泌大量的多巴胺，令人愉悦。

有一次，先生又完成一次极限超车后，我一手抓着副驾驶右侧的扶手，一边扭头笑着对女儿说：“知道吗？爸爸开车能治感冒。”女儿问：“为什么这么说呢?”我说：“你看，坐爸爸开的车，一会儿吓出一身汗。我今天本来有点感冒，这会儿感觉好多了……”后来，先生说：“我感觉开车快那么一会儿，也没什么意思，安全最重要，谁着急就让他先走。”

如果直接批评他开车太快，效果往往并不理想，这里要运用突破式沟通中的第一道防火墙——效果比道理更重要。

我们要的是效果，但是错误的沟通方式往往会让效果与沟通目标背道而驰。本来是要让对方开车不要那么快的，如果批评对方，对方马上会抗拒，可能开得更快。因为开车时有情绪，可能会更危险。轻松调侃的方式比直接批评的效果更好。很多情况下，当冲突发生时，一定要回归沟通目标——达成共识，那么就要问自己：我要的是什么？我的方法和目标一致吗？

第二个沟通死角是身份。我经常问自己：“谁是主驾？我的智商比先生的高吗？我操作车辆比先生熟练吗？我对路况的判断更有经验吗?”清晰的身份认知会帮助我们设定界限。我们可以“把马引到水边，但是喝不喝的决定权在马”。即使是最亲密的人，我们也不能替对方做决定。伴侣要明确自己的身份是影响者、支持者，我们可以把伴侣当成好朋友。好朋友迟到，我们会体谅，但是伴侣迟到，我们就会生气，指责对方不守时、爱磨蹭。这是不对的。

还有一个故事是这样的：一天，先生去接女儿下晚自习，回来时两个人都很严肃，各自回房间去干自己的事情了，一看气氛就不对，因为往常父女都是说笑打闹着回来的。我发现了异常，但没有找两个人询问。

为什么不马上询问？有三个原因：第一，如果双方都有不良情绪，马上询问很难问出事情的原委；第二，晚上孩子还有作业，现在不是询问的好时机；第三，最重要的是，他们没有想和我交流的意愿。

第二天早上，先生送女儿上学回来，我们的对话如下。

先生：“昨天晚上，妞气死我了！”

我：“发生了什么事情？愿意和我说一下吗？”

先生：“昨天接了妞后，她就一直说作业多、作业难，我就急了，说：‘作业就是给你一个人布置的？全班同学不是都一样？三节晚自习都没有写完，一定是你有问题！是不是太浮躁了？我看群里其他家长没有人提作业多……’”

我：“哦，这样啊，我能理解你的心情。设想一下，如果一天下班，你对我说，你很累，我回应说，上班就是这样啊，谁不累啊，你累是不是工作方法有问题啊，或者你总是做你职责之外的任务才累……你听到之后，会有什么感觉呢？”

先生：“你这样说，我就明白了，我知道如何回应妞了。”

我：“我还什么都没有说，你就知道该怎么做了。”

以上的沟通过程运用了突破式沟通中的五步沟通策略。

第一步是建立关系，我没有在父女都有不良情绪时沟通，而是在合适的时机沟通。

第二步需要做到“先跟后带”中的“先跟”。别人有不良情绪时，最需要的其实是理解、安慰和支持，而不是讲道理、批评、指责。我们只需说：“我知道你面临的困难，这对谁都可能不是件容易的事情。我相信你的调整能力，也相信你的适应能力，如果有什么是我能帮忙的，请告诉我……”与对方共情，体会对方的情绪、感受，对方的情绪会先缓和下来。

第三步需要做到“先跟后带”中的“后带”。可多提问，倾听对方的想法，提出建议，可以用“如果是我，我会怎么做……”这样的方式说理，避免直接在道德、人格上批判对方，解决方案可以让对方自己提出，我们只需给出肯定。这一步一定要注意语音语调，不要冷嘲热讽、心不在焉、打断对方或者使用其他不利于沟通的肢体语言。

第四步是肯定对方在沟通中的智慧。这样，沟通对象才愿意转变态度。

生活中的很多冲突与双方观点不同有关，比如，孩子小时候，我认为理想的断奶时间是一岁左右，这样孩子可以吃辅食，有利于营养均衡，但孩子爸爸和奶奶认为断奶对孩子不好。这一次冲突，差点导致离婚。

另外，女儿特别害怕蟑螂。有一次，她给爸爸打电话，希望当天晚上找到灭杀蟑螂的人马上上门灭蟑螂，但是爸爸坚决不同意，爸爸的观点是：“我小时候，农村到处都是蟑螂，有什么好怕的?”

还有婆婆认为快递纸箱可以存起来卖钱，而我们认为纸箱卖不了多少钱，还影响家里的整洁。

观点的冲突容易导致对错之争，每个人都认为自己是对的，互相说服是行不通的。因为每个人的生活背景不一样，看待事情的角度不一样，比如先生喜欢吃一种蛋糕，说有小时候的味道，而我认为蛋糕高糖，添加剂还多。因此要牢记，大家没有冲突，只是观点不同而已。如果要做重大的决策，就双方一起收集信息，比如在孩子是否留学的问题上，我们就不能在不了解的情况下凭感觉提建议，如果有了了解再来讨论就更利于做出正确的决策。

如果是日常小事，就放下对对错的执着。女儿害怕蟑螂，就找专业灭虫公司上门消杀，让孩子安心；婆婆想存纸箱，那就一起讨论放置的地方；先生喜欢吃蛋糕，就控制一下量，买给他吃。夫妻需要相互体谅，其他家人也是如此，即使我不太喜欢，也要允许别人喜欢。

多次沟通实例证明，态度比对错重要。一个朋友跟我说，他妻子生了宝宝，母乳喂养的第一周乳腺发炎，半夜非常疼。他岳母提议用一个偏方，说用发酵的面团可以消炎止痛。当时是冬季凌晨三点，朋友马上就穿衣出门，虽然他知道此时不可能买到发酵的面团，但他认为，买不买得到是一回事，愿不愿意买是另一回事。因此，态度比对错重要，态度比结果重要。引发冲突的事件基本上都不是解决不了的问题，而是你应对的态度不当激发了负面情绪，从而导致冲突。

如果不能从一段婚姻中成长或者改变，其实换谁，结果都一样。一定要有经营好婚姻的意愿，如果总是认为自己的伴侣很糟糕，那是很难解决冲突的，你也不会珍惜自己的伴侣。

只要你持续提升认知并不断行动，是能够拥有幸福的婚姻的。家是错误和失败都可以被爱包容的地方。运用突破式沟通，做解决冲突的沟通高手，你就会离幸福越来越近！

李瑞雪

突破式沟通授权讲师
NLP教练
斯坦福设计人生认证教练

学会这一招，生活中很多架都吵不起来

生活中有个很有意思的现象，人们在发生冲突的时候，往往执着于对错，极力想证明自己是对的，别人是错的。不管是孩童之间、夫妻之间的争吵，还是职场中的冲突，这样的情形比比皆是，人们常常会为对错争得面红耳赤。过去，我也常常有这样的困扰。

有幸学习 NLP 课程之后，我发现原来冲突不像看上去那么糟糕，处理好了，反而是拉近关系、促进共识的机会。冲突下的沟通不是要关注对与错，而是要关注沟通双方分别想要的是什么，即沟通的目的。因为对与错都是相对的，人与人的认知往往不尽相同，看待人和事物的视角和观点都可能有差异，执着于对错往往会让沟通陷入无休止的纠缠，最后双方都得不到想要的结果，还破坏了关系，这样的沟通就是无效沟通。

NLP 导师李中莹先生说，沟通中，效果比道理更重要。只要明白这一点，生活中很多架就吵不起来。

案例 1　亲子沟通

背景

家里面有兄弟俩，哥哥 7 岁，弟弟 3 岁，两人时常因为抢玩具而发生冲突。这天，“战争”又发生了。弟弟一边高声哭喊一边追着哥哥跑，泪流满面，哭声震天，仿佛他是全世界最委屈的人；哥哥则一溜小跑，手上拿着弟弟的玩具大笑，还做鬼脸刺激弟弟。

这样的场景，相信二胎家庭的父母非常熟悉，想想遇到这种情况的时候，一般我们做父母的会怎么做呢？

可能会一把抱起弟弟，开始训斥哥哥：“你这么大了，怎么还抢弟弟的玩具呢？”然后命令道：“快拿过来！”

（父母义正辞严地维护弟弟、训斥哥哥，会让哥哥感到不公平。哥哥 7 岁，很叛逆，反抗意识很强，这种做法无疑会引起他强烈的对抗情绪，激化兄弟之间的矛盾）

或者给哥哥戴高帽，希望他“良心”发现：“哥哥最懂事了，弟弟小，你应该让着他，对吧？你看弟弟哭得好伤心呀，快还给他吧！”

（家庭里面人人平等，不能因为哥哥年长就让着弟弟，也不能因为弟弟年幼就处处受关照）

又或者会利诱哥哥："小孩子的玩具有什么好玩的，快还给弟弟，妈妈给你一包奥特曼卡片怎么样？"

（利诱的方式可能会立竿见影地解决眼下的冲突，但是会带来新的问题。孩子很聪明，试一次他就能学会这种获取玩具的新方法，冲突在未来必定会更多地出现）

我曾经见到一位妈妈是这样处理的。

她走过去，蹲下来看着弟弟的眼睛，说："哇！宝贝，你哭得好伤心啊，发生了什么事呀？"

弟弟一边大哭，一边生气地说："哥哥抢我的玩具，哥哥是大坏蛋！"

（说出孩子的情绪，孩子会感觉被共情了。让孩子描述事情，是让孩子冷静下来，摆脱不良情绪）

妈妈平静地说："哦，哥哥抢了你的玩具，你很生气。"

弟弟："呜呜呜……我要打哥哥！"

这时，弟弟的哭声小了一些，情绪也没有那么激动了。

（当妈妈再次说出孩子的情绪时，孩子情绪的浓度进一步降低了）

接着，妈妈又说："宝贝，你要是打了哥哥，你觉得哥哥会不会打你？"

弟弟小声哭着回答："会。"

妈妈笑着问："你打得赢哥哥不？"

弟弟若有所思，没回答，一下抱住妈妈的脖子，好像有点儿委屈。

妈妈接着说："你是不是希望哥哥把你的玩具还给你？"

弟弟点点头说："是，哥哥是坏蛋！我要打哥哥！"

(引导弟弟看到自己想要的结果是什么，而不是执着于哥哥的做法对不对)

妈妈："除了打哥哥，我们还有别的办法吗？比如你找一个哥哥喜欢的玩具和他交换，怎么样？"

弟弟开始四处寻找。

妈妈笑着提示弟弟："你可以问问哥哥喜欢什么玩具。"

这时候，哥哥在旁边迫不及待地说："我喜欢歼-20。"

弟弟赶紧拿起桌上的歼-20战斗机模型给哥哥，哥哥把弟弟的玩具还给弟弟，两个人又开始愉快地玩耍了。

(让弟弟想其他办法，因为孩子比较小，所以妈妈直接提示了方法，大一些的孩子可以让他自己说出办法)

小结

"效果比道理更重要"就像在我们大脑中安装了一道"防火墙"，帮助我们在冲突中摆脱不良情绪，寻求更多的方法去解决问题、达成共识。

情绪的产生悄无声息，如何把这道"防火墙"安装好并有效启用，需要进行大量的练习。这里提供一些练习的建议，供大家参考。

(1) 觉察情绪。包括觉察自己的情绪和他人的情绪。觉察是改变的开始。

平时可以练习说出或写出你能想到的所有情绪词汇，并尝试去描述在什么样的场景中会产生这样的情绪。可以自己练，也可以邀请家人、伙伴一起练习。

(2) 接纳和回应情绪。当你觉察到自己的情绪或他人的情绪时，可以深呼吸六秒或更长时间让自己平静下来，接纳它，思考一下情绪背后你或对方的需求是什么，再回应自己或对方的情绪。

(3) 提出解决方案。当沟通双方都从情绪中抽离、平静下来时，再想想我们想要达成的结果是什么，是否可以达成共识。如果无法达成共识，是否可以想其他解决办法。

案例2 夫妻沟通

在家庭关系中，夫妻关系至关重要。夫妻之间无效沟通的例子比比皆是，来看看下面这个场景。

背景

妻子琳达是一家大型外企的中层管理者，丈夫山姆是一位工程师，两人相爱，有很好的感情基础。这段时间，琳达被一些工作上的事困扰，心情有些烦躁。这天晚上，在儿子的卧室里，琳达正在帮儿子检查作业。

山姆："家里的东西实在是太多了！都没有好好收拾，太乱了，跟你说了好多次了，每次你都说会收拾、会收拾，结果到现在还是这样！"

琳达："我这段时间真的很忙，晚点再说可以吗？"

山姆："每次都是这句话，你什么时候不忙呢？"

琳达（长叹了口气）："好吧，我过两天收拾。"

山姆："过两天，过两天，你还不如说过两周或者过两个月！"

琳达："那就过两周，好吧？最近真的比较忙。"

山姆："你这么说就是在找借口推脱，不会收拾的。"

琳达："那你想让我怎么说才满意呢？"

山姆："你要说具体什么时候会收拾。"

琳达："好吧，下周。下周可以吗？"

山姆："下周什么时候？"

琳达："下周就是下周，下周末过完之前都叫下周！"（琳达强忍情绪）

山姆："好吧，那看你表现。"

琳达勃然大怒："什么看我表现？我用得着你看我表现吗？我一不是你的孩子，二不是你的下属！要你看我表现吗？（这一刻，琳达压抑着的情绪好像瞬间爆发了）

山姆惊呆了，顿了两秒，然后非常生气地说："好吧，我以后少跟你说话！"

山姆摔门而出。

接近一周的时间里，山姆都在和琳达冷战，阴沉着脸，不理琳达。

琳达多次提出沟通的请求，都被拒绝了。琳达发的任何信息，山姆都不回应。

如果你是琳达，你会怎么处理呢？

选择 1：冷战到底

琳达看到山姆长时间和自己冷战，感到特别无语，也很困惑，心想：你一个大老爷们，心眼也太小了吧！明明是你说话不当戳伤我，搞得好像我欺负了你似的。我工作压力大，回家还要辅导孩子做作业，你觉得家里乱，你可以收拾，为什么一定要我收拾呢？

琳达越想越觉得委屈，越觉得山姆不可理喻。哼！你不和我说话，我也不理你，还落个清净呢，看谁耗得过谁！

（主观猜测他人意图是沟通中的大忌。夫妻双方谁也不服输，想的都是对方的错和自己的委屈。在这种僵持中，情绪浓度虽会下降，但矛盾冲突会在互相猜测中深埋心底，成为日后双方关系的隐患）

选择 2：　火星撞地球

琳达终于忍不住了，找到山姆，气鼓鼓地说："你有完没完？你说了伤我的话，你还来劲了！你脾气大就有理啦？"

（质问和指责的语气，让对话氛围从一开始就达到了冰点。琳达说这番话根本就是来发泄情绪，而不是来解决问题的）

山姆："我就来劲了！我就脾气大了！就你最厉害！就你最有理！是不是就你可以随便发脾气，别人都要包容、理解你？"

琳达："我怎么随便发脾气了？我这段时间工作压力很大，回到家还要辅导儿子做作业，本来已经很累了，你还追着我说收拾东西的事情。我强忍情绪，实在不想和你争执，你却咄咄逼人、高高在上，我才没忍住，结果倒成了我随便发脾气！"

山姆："我高高在上？我咄咄逼人？家里就你最忙，就你最累。家里的事情你从来不放在心上，你考虑过我的感受吗？"

琳达："我怎么不把家里的事情放在心上了？孩子的作业你管过吗？每天我再忙再累也会给儿子辅导作业，你还好意思说！这次不就是没按照你的意愿收拾东西吗？至于吗？你明明知道我这段时间压力很大，还追着不放，我没时间收拾，你不会收拾呀？"

（看到了吗？双方都把焦点放在了反驳对方对自己不公正的评判上，沟通变成了一场辩论赛，争吵会无休无止）

选择 3：看向我们的未来

琳达面对山姆的持续冷战，心里很委屈，曾在心里默默地骂山姆小心眼儿，不像个男人。可是共同生活了这么多年，琳达觉得山姆不会平白无故反应这么强烈，毕竟琳达不认为这次的冲突是什么大事。她苦思冥想，实在想不出是什么原因，甚至想到了山姆是不是有了外遇，要故意找茬，以便和自己摊牌……这可真够扯的。

但是，总这么冷战下去，琳达担心会加深彼此之间的隔阂和误会。她珍惜和丈夫多年来的感情，于是她决定不再等待，主动给山姆发了信息。

琳达："老公，这段时间我工作上的压力比较大，因为是新的方向，未来有很多不确定性。虽然我很积极乐观，但面对很多挑战时，这个过程比较煎熬。我也和你分享过，你说你很支持我。可我万万没想到，这次你表现得如此冷漠。我非常不理解你此次的行为，想不明白你到底是怎么想的，感觉特别寒心。"

（陈述事实，描述自己的感受和情绪，终于开始和对方沟通）

山姆："我到现在想起那天你的反应、你的样子，都还是感觉很寒心。"

琳达："然后就不沟通了吗？"

山姆："我不知道该用什么方式沟通，面对你就像面对一个陌生人。这种感觉我从来没有过。"

琳达："人与人的主观感受各不相同，你认为你的说法非常正确，或者不过是句笑话，但对我不同。我们有不同的成长经历，你的一句‘我看你表现’让我瞬间失控了，我无法接受你高高在上的姿态，所以激起了我本能的反抗。理性告诉我，你本意肯定不是那样，但是当时我就是有这种很强烈的感觉。

“你知道我和你一样崇尚自由，特别不喜欢被掌控。我曾说你理解我的感受，结果呢？一次冲突就让你直接放弃沟通了，一副冷战到底的姿态，如此决绝。”

山姆：“现在换成你来指责我了？”

（一旦沟通中有了指责的语气，对方可以非常敏锐地捕捉到）

琳达：“我不想指责你。”

山姆：“你看看你的话是不是指责？”

琳达：“有了冲突能不能坐下来沟通？有多大的矛盾，要这样一直冷眼相对？”

山姆：“冲突分情况，我没有你那么豁达。”

琳达：“那你具体说说嘛。”

（这句话没有带情绪，让对方放下了戒备和对抗）

山姆：“我很难接受那么冰冷的你。”

琳达：“我是珍惜我们两个人的感情的。”

山姆：“你可以随口说出冰冷的伤害我的话，然后说你很珍惜我们两个人的感情。”

琳达：“我无意伤害你。让你感到被伤害，我非常抱歉。你完全感受不到我的处境，我对你说的那句‘我看你表现’反应强烈，你不能理解是吗？”

（与对方共情，并主动道歉）

山姆：“不管出于什么原因，你这种强烈反应和极端思想都会让我感到陌生和害怕。”

琳达："极端思想？你指的是什么？"

山姆沉默……

琳达："我让你感到陌生和害怕了，你不打算原谅我，也不关心我正在经历什么是吗？我的感受在你心里难道无所谓吗？"

山姆："你的想法就是不管你做了什么，别人都要包容你，当作什么都没发生？"

（琳达的反问又成功激起了山姆的对抗。在冲突沟通中，要特别注意语调、语气和表达方式，可以表达情绪，但切忌带着情绪去表达。一旦话语中透露出指责和质问，对方就会立马进行对抗和反击）

琳达："当然不是当作什么都没发生。有了冲突就去面对，有误会就去解释，我坚信我们都不会刻意伤害对方。不管发生了什么，我都不怀疑你对我的感情，我会告诉自己，你只是用错了表达方式，这是我面对你给我带来伤害的态度。我爱你，我也相信你爱我，我希望我们的未来，我们一起去创造。"

（琳达觉察到了山姆的情绪，冷静下来，平静地表达自己的想法）

山姆："我们在一起 20 年了，你那天的反应让我震惊。我没想到那天你居然会因为一句话就跳脚，在我看来这是很极端的行为。"

琳达："不是每一句话都会让我跳脚，也不是在任何场景下你说这句话都会让我跳脚，引发我强烈情绪的是你对我反应的解读。"

山姆："是，我很难接受，我不希望你变成这样。"

琳达：“‘我不希望你变成这样。’谢谢你这句话，我终于感受到你的爱了。我知道你是爱我的，你只是用错了表达方式。我也是爱你的，我不会刻意去伤害你。你相信这一点吗？你似乎并不相信，可能嘴上说信，心里却不这么认为。”

（琳达及时地回应了山姆的情感，让他感受到被共情）

山姆：“我没说过你是刻意的，但你的行为的确伤害了我，我更怕的是你的心理。在我看来，激烈的反应源自心理的映射，我不希望你变成极端的人，这会让我感觉以后我跟你说话都要小心翼翼的。”

琳达：“我感受到了你的担忧，你希望我们能够一直相知相伴。你习惯看到我温和、顺从、阳光的一面，但事实上，人都会有各种各样的情绪，允许情绪宣泄，人才是健康的。我们在一起这么多年，内心深处仍然有些想法并不被对方了解，也许连自己也不清楚，这恰好是我们增进了解的机会，所以冲突并不可怕。

“我能隐约感受到，在你内心深处，你是缺爱、缺乏安全感的。你不相信我对你的爱，你害怕我会远离你，你害怕我们之间的冲突。”

（琳达读出了山姆内心深处的恐惧和担忧，向他表达爱）

山姆：“我内心可能是缺爱的，喜欢看到你温柔的一面。当我看到你那样的行为，我会非常失望、心痛，无法面对。”

琳达：“我能理解你，亲爱的，我爱你。”

山姆后面没再回应琳达的话，仿佛“战火”已经平息了，过了许久，山姆发信息说：“晚上我回来吃饭。”

小结

家从来就不是摆事实、讲道理的地方，不要执着于对错，而要看结果。

在家庭中，夫妻双方对彼此的爱是底线，共同的未来是一致向前的目标。

Sasa

深耕英语教育八年
突破式沟通授权讲师
情绪疗愈师

突破式沟通让关系更亲密

我和先生谈恋爱两年，结婚五年，现在有两个孩子。回想我们的感情经历，真的很感谢我先生对我的包容，也感谢自己一直在学习的路上，才有了我们今天和谐的亲密关系和幸福的家庭。

谈恋爱的时候，我先生经常吸烟。每次看到他吸烟，我都会忍不住说他一句："能不能不吸烟？吸烟有害健康，你知不知道啊？"

在当初的我看来，我是为了他着想，他应该听我的。吸烟有害健康，我想不明白他为什么要做伤害自己身体的事情。最夸张的时候，我甚至想，如果他真的爱我，就应该像爱情剧里的主人公那样，为了女主戒烟。直到有一天，当我又开始说戒烟问题时，我先生说："要是都按你说的来改，我就不是我了。"我开始思考，我到底是爱这个人还是要把这个人改变成我理想中的样子呢？

学过突破式沟通之后，我回想当初劝先生戒烟就是想要证明我是对的，我希望对方听我的，所以我给对方讲道理：吸烟有害健康，所以应该戒烟。如果我能早点明白，效果比道理更重要，也许能避免很多不愉快的经历。

如果我明白，没有冲突，只有不同观点，我就不会一直想要证明自己是对的，并试图让对方按照自己的想法去改变。

曾经有一段时间，我先生经常过了晚上十二点才回家。我说了很多次希望他早点回家，其间还试过“夺命连环 call”，可都不奏效。于是，我就在日历上记录他每天回家的时间，想着下次吵架的时候，可以拿出日历指责他：“你看我都记着，过去十天，你有八天晚上十二点后才回家！你根本就不在乎我！”

当我真的拿着日历指责他的时候，从来没有对我发过脾气的先生顿时“炸”了：“我不是你的学生！不要拿你对学生的那一套来对我！”

这让我意识到，我真的犯了职业病。我把先生每天回家的时间记录下来，像要求一个学生那样。我对于先生来说，是老师还是伴侣？

学完突破式沟通之后，我才知道，每个人都需要准确识别自己的身份。对于我先生来说，我的身份是妻子，妻子对待丈夫显然不应该像老师对待学生一样。

作为伴侣，我不应该把先生变成我理想中的完美样子，而是应该与先生相互成就。在后来的某一天，先生主动戒烟并且成功了，这件事令我十分意外！让先生戒烟是我一直期盼的事情，他努力了几年都失败了，但是当我准确识别了自己的身份后，我不再要求他戒严，他却戒烟成功了。

这就是突破式沟通的神奇之处：没有统一的话术，只有底层逻辑，但效果很好。

在突破式沟通中，我觉得安装沟通 3 道“防火墙”是基础，也是我们最容易在生活中用起来的。沟通防火墙就像我们电脑里的防火墙一样，不让负面情绪进来，防止我们被负面情绪裹挟。每台电脑都必须安装防火墙，我们每个人也需要给自己安装上沟通防火墙。

下面，我想以夫妻生活中很常见的场景来举例说明安装沟通 3 道防火墙的重要性。首先介绍一下突破式沟通中的 3 道防火墙：

（1）**效果比道理更重要。**

（2）**没有冲突，只有不同观点。**

（3）**情绪是信念的投影。**

无防火墙版本

七夕，老公应酬到晚上十二点才回家。

老婆：“晚上十二点了！你就不能早点回来吗？”

老公：“我也想早点回来啊，我在陪客户。你以为我想那么晚回家吗？”

老婆：“今天是七夕，别人老公都会送花，晚上都一起看电影。你既没有送花，也没有叫我看电影！”（说完老婆把一个抱枕扔向了老公）

老公：“我给你发了节日红包不是吗？”（老公低着头）

老婆："我不管！今天是七夕，你却在外面和别人过情人节！"（老婆说完，眼泪在眼眶里打转）

老公："跟别人过情人节，你什么意思啊？你是不相信我吗？"（老公说话的音量突然变大）

老婆："你的客户不用过情人节吗？你不知道要早点回家吗？"

老公："你真的很烦啊！说完了没有？"（说完，老公从房间往外走）

老婆："怎么，说说都不可以了吗？我就要说，你自己错了还不让别人说。你根本就没有尽到做父亲和老公的责任！你这么晚回来，孩子是我一个人带的。"（老婆边哭边跟着老公往外走）

老公："你真是不可理喻！"（老公愤怒地涨红了脸和脖子，摔门而出）

案例分析

在这个案例中，双方都没有安装防火墙。

其实老婆是希望老公早点回家和自己过七夕的，但是她说出来的话全是抱怨和指责。结果可想而知，老公不但不理解，而且很有可能越来越晚回家。

这是不是家庭中很常见的情况呢？双方因为不懂沟通，结果互相不理解，闹不和。

双方均装了防火墙版本

七夕，老公应酬到晚上十二点才回家。

老公："老婆，我回来了！"

老婆："老公，辛苦了！"

老公："我老婆最好了，这么晚还等我回家。"

老婆："都十二点了，我担心你的安全。"

老公："让你担心了。其实我也想早点回来的，我在陪一个大客户，走不开，没办法。"

老婆："我知道你要是能早点回来，肯定会回家陪我和孩子的。大客户的话，确实没办法，你应酬到这么晚也是为了我们这个家。"

老公："经常没有时间陪你和孩子，我觉得很不应该。"

老婆："我知道你也想陪我们。"

老公："是啊，所以我早上送你去上班了。晚上要应酬，我就想办法在白天陪一下。"

老婆："你早上送我去上班，我同事都说我命好，有个这么体贴的老公。今天是七夕，我本来希望我们两个人可以一起外出庆祝一下的。"

老公："我知道今天有很多老公带老婆去看电影，可惜今天我实在走不开，所以我给你发了节日红包当补偿。"

老婆："老公，你知道吗？今天收到你的节日红包的时候，我可惊喜了。本来以为都老夫老妻了，可你还是每个节日都记得给我发红包和祝福，满满的仪式感让我感觉特别幸福，觉得自己嫁对人了！老公，你最近一周都没有好好休息，实在太辛苦了！"

老公："老婆，是我不对，七夕都没有陪你。明天下班后，我们去看电影吧！是看《孤注一掷》还是《消失的她》，你来决定。下班我去接你怎么样？"

老婆："好啊，老公。还是你对我最好。"

案例分析

这个案例中，夫妻双方都安装了防火墙。

老公凌晨回到家，老婆并没有给老公讲道理，说应该早点回家，而是采取突破式沟通方式。

老婆说的第一句话是“老公，辛苦了”，这就是老婆安装了沟通 3 道防火墙的第 1 道防火墙——效果比道理更重要。老公说“我老婆最好了，这么晚还等我回家”，这就是效果出来了。老婆虽然没有讲道理，但是效果是老公感受到了老婆的好，知道自己晚回家还有老婆在惦记。

当老婆说“都十二点了，我担心你的安全”，老公说“让你担心了”，这就是突破式沟通中“先跟后带”的“跟”，跟的是对方担心的心理。

后面，老婆表达希望情人节两个人能外出庆祝时，老公则表示发红包也是庆祝的方式之一。这就使用了第 2 道防火墙——没有冲突，只有不同观点。如果案例中的老公和老婆非要争个对错，证明情人节一定要看电影才算庆祝或者发红包才算庆祝，那么最后的结果就是产生冲突。

最后，老婆表达了节日收红包会觉得有仪式感，并感觉特别幸福，老公也提议第二天一起去看电影。这使用了第 3 道防火墙——情绪是信念的投影。老婆情绪背后的信念是节日是需要有仪式感的，所以老公提议第二天一起去看电影。

其实我们还可以从这个案例中学到“识别沟通死角，增加选择”的内容。

沟通死角有三个，分别是情绪、信念和身份。

老公刚回家的时候，老婆表达了“我担心你的安全”，所以老婆识别出了自己的情绪。

老公最后提议第二天去看电影，就体现了老公认同老婆的信念。老婆的信念是，节日是要有仪式感的。

我想大家看到这个案例的时候，都能感觉到夫妻双方的关系非常亲密。面对同样一件事，夫妻懂得突破式沟通真是一大幸事。

下面，我想再分享一个案例，说明 5 步沟通策略（“先跟后带”）在家庭场景中的运用。

5 步沟通策略具体指的是建立关系、厘清情绪、还原事实、发掘价值、找到方法。

周末，老公坐在沙发上玩手机，妻子在厨房做饭，一岁多的小孩在客厅玩，妻子想让老公放下手机陪孩子玩。让我们来思考一下，妻子要怎么说，才能达到她想要的效果呢?

我们尝试运用 5 步沟通策略的第 1 步——建立关系。

在做重要的沟通之前，都需要做好身份定位，同时需要接受对方的情绪、尊重对方，甚至要有爱的联结。妻子可以轻轻坐到老公身边，说:“老公，我有事想和你说。”当老公停下来时，妻子要看着老公的眼睛。眼睛是潜意识的窗口，想要跟对方有深层次的联结，就必须看着对方的眼睛。有的人一开始不习惯，只要多加练习，就会发现注视别人的眼睛可以拉近彼此的距离。

第 2 步是厘清情绪。厘清情绪就是聆听对方的情绪。这时候，妻子可以说:“老公，工作了一周，你也累了，难怪会想玩玩手机放松一下。”

接下来，我们就可以进行第 3 步——还原事实。妻子可以看着老公的眼睛，开始还原事实："老公，我在做饭，孩子一个人在玩。"还原事实的时候，需要注意的是不能带个人情绪，比如这样说："整天就知道看手机，从来不管孩子。"

第 4 步是发掘价值，也就是在沟通中理解对方言行背后的价值观。当老公说"是啊，放假了就想休息"时，传达出的价值观是放假了就应该休息，不用工作，也不用带娃。

最后一步是找到方法。方法因人而异，在这个案例中，妻子可以建议老公放下手机，陪孩子在客厅玩；也可以让丈夫做饭，换妻子带孩子；还可以让丈夫带孩子到小区楼下遛弯。

大家会发现，突破式沟通最大的魅力就在于，它能让人沟通起来非常顺畅和高效，完全不会内耗。希望大家都能把突破式沟通用到我们生活中的方方面面，让我们生活得更顺心。

唐德美

国家二级心理咨询师
ICC认证脑科学技术教练
突破式沟通授权讲师
家庭教育专业讲师

家校不对立，沟通有技巧

孩子在学校，可能会被老师批评。如何正确处理家校关系，避免双方的对立，突破式沟通能帮到你。

浩浩4岁半了，上幼儿园中班。最近几天，浩浩每天早上起床时都磨磨蹭蹭，不肯出家门。今天，好说歹说来到了幼儿园，却在门口抱住妈妈不撒手，问他就说："我不想上幼儿园，我不喜欢幼儿园了。"妈妈很纳闷，他之前不是这样的呀。反复追问后，浩浩说："我们班的小L老师生病了，新来的H老师天天批评我，我不要去幼儿园……"

浩浩妈妈无奈之下，带着浩浩回家了。妈妈越想越生气，拿起电话就给小L老师打过去："小L老师，你什么时候能上班呀？H老师要替你多长时间呀？"

小L老师有些懵："浩浩妈妈，怎么啦？我……"

小L老师还没说完，浩浩妈妈又说："我不管，你到底还回不回你那个班了？"

不得已，小L老师说："我也不知道得多长时间，医生说我需要保胎，要静卧观察一段时间。到底怎么啦？"

浩浩妈妈没跟小L老师解释，直接说："那你把H老师的电话发给我吧。"说完就挂断了电话。

小L老师更懵了，又不能拒绝家长的要求，只好把H老师的电话号码发给了浩浩妈妈。

小L老师非常纠结要不要给H老师打个电话说一下这件事，可她心里又有些胆怯，因为H老师是在幼儿园工作了30多年的老教师，已经不在一线岗位了，之前做过自己的师傅，一直指导自己工作，自己多少有些怕她。

这边小L还在纠结中，那边浩浩妈妈已经把电话打给了H老师。

"H老师，你为什么天天批评我儿子呀？我儿子本来胆子就小，现在被你批评得都不敢上幼儿园了……"

"这位家长，你是谁呀？我进这个班才9天，中间还有2天休息，我怎么就让你儿子不敢上幼儿园啦？"

"怎么，你不知道吗？我家浩浩以前都是高高兴兴地上幼儿园，结果这几天天天早上哭着说不想上幼儿园，他说你天天批评他。他怎么啦，你要天天批评他？"

"你说浩浩？哪个浩浩？啊，我想起来了，那个最淘气的小男孩儿对不对？"

"你说什么？最淘气？他怎么就最淘气了？你怎么当老师的，

孩子有不淘气的吗？你天天批评孩子，还好意思说我儿子最淘气？你真是最差劲的老师，你就不配当老师！”

“浩浩妈妈，你凭什么说我不配当老师？我工作 30 多年了，家长和孩子都喜欢我，还没人说我不好呢，你说不配就不配啦？”

“我不和你说，我现在就去找你们的园长，不给我一个说法，我就上教育局找局长……”

浩浩妈妈挂断电话，之后便找园长、看监控、找教育局、索要赔偿。

后来，浩浩很长时间没有上幼儿园，在家中却不断念叨着想小 L 老师，想小朋友们。浩浩妈妈和幼儿园也僵持了很长时间，最后孩子转到了另一所幼儿园，H 老师也从教师岗调离到后勤岗。

对上面的案例，你有什么感想？有没有可能，这件事情不需要发展到找园长、找局长的地步？

很显然，上面案例的最终结果是两败俱伤。假如我们掌握了突破式沟通的方法和技巧，这件事会怎么解决呢？

假如小 L 老师学过突破式沟通

浩浩妈妈的电话打进来：“小 L 老师，你什么时候能上班呀？H 老师要替你多长时间呀？”

小 L 老师说：“浩浩妈妈，我听到您有些着急，能告诉我发生什么事了吗？

（小 L 老师从浩浩妈妈的语气中感受到了她的情绪，给予了积极关注，这样可以让浩浩妈妈的情绪得到缓解，为进一步沟通

奠定基础）

“医生说我需要保胎，要静卧观察几天。不过我随时都可以通过电话和微信与班级其他老师保持联系，我可以为您做些什么呢？”

（小 L 老师愿意帮助浩浩妈妈，建立了更深层的沟通与合作的关系）

浩浩妈妈又说：“哎呀，你到底还回不回你那个班了？我儿子说新来的 H 老师天天批评他，他不愿意上幼儿园，今天都没送进去……”

小 L 老师说：“哦，浩浩妈妈，您现在一定很着急，我和您一样着急，您把电话给浩浩，我和浩浩说几句话好吗？”

（再一次与浩浩妈妈共情，并找出双方共同的关注点——老师和家长一样关心孩子，在意孩子能否去幼儿园）

“浩浩，你在干什么呀？小 L 老师都想你啦！咱们班的小 W 老师也想你了。浩浩最会拍球了，好多小朋友都等着和你一起玩拍球游戏呢。”

（小 L 老师表达了对孩子的关心，还提到了孩子的优点，这是每一个家长都愿意听到的，能进一步减轻妈妈的焦虑，持续建立情感联结）

浩浩说：“小 L 老师，我也想你了，你什么时候回来呀？”

小 L 老师说：“浩浩，我也想看你可爱的样子，明天你去幼儿园，小 L 老师去班里看你好不好？”

浩浩说：“好呀，你回来看我，我就高兴了呀！”

小 L 老师说：“太好了，明天你早点去幼儿园等小 L 老师好不好？”

浩浩说："好呀，好呀，小 L 老师要来看我啦！"（浩浩和小 L 老师感情很深）

小 L 老师说："浩浩，把电话给妈妈好吗？小 L 老师还要和妈妈说几句话呢。"

（小 L 老师巧妙地劝说孩子去幼儿园，也让家长完全放松下来）

小 L 老师说："浩浩妈妈，能具体和我说说是什么情况吗？"

浩浩妈妈讲述了孩子被老师批评、不想上幼儿园的情况。

（引导家长平和地讲述情况，打破了双方沟通的对立状态）

小 L 老师最后说："浩浩妈妈，您说的我都听明白了。您放心，今天我就和 H 老师联系，也会和班级其他老师联系，把情况问清楚，然后再给您打电话，可以吗？您明天正常送浩浩去幼儿园，我到幼儿园去看看他。"

（小 L 老师跟住了浩浩妈妈的情绪，真正与浩浩妈妈共情，并给出了自己的解决办法，让沟通得以顺利进行）

之后，小 L 老师通过与 H 老师沟通，让事情得到了很好的解决。

小 L 老师相信"没有冲突，只有不同观点"，运用"先跟后带"的技巧，先通过和浩浩妈妈交流，与家长建立良好的关系；再与浩浩妈妈的感受共情，表达对孩子的关心；厘清情绪，引导浩浩妈妈讲述情况；最后提出解决办法，达到和平解决问题的目的。

假如 H 老师学过突破式沟通

浩浩妈妈把电话打给了 H 老师："H 老师，你为什么天天批评我儿子呀？我儿子本来胆子就小，现在被你批评得都不敢上幼儿园了……”

“哦，这位妈妈，您好！我是 H 老师，我感觉到您现在有些生气，能告诉我到底发生了什么吗？非常抱歉，我还不知道您是谁的妈妈。”

（H 老师先接住了浩浩妈妈的情绪，并用最平和而直接的语言去询问，这就是先跟——跟浩浩妈妈的情绪）

“怎么，你不知道吗？我是浩浩的妈妈。我家浩浩以前都是高高兴兴地上幼儿园，结果这几天天天早上哭着说不想上幼儿园，他说你天天批评他。他怎么啦，你要天天批评他？”

“哦，您是浩浩妈妈。浩浩？我想起来了，是那个胖乎乎、很可爱的小男孩儿对不对？”

（用夸奖孩子的方式与浩浩妈妈建立情感联结，消除浩浩妈妈的不满，平复浩浩妈妈的情绪，这是进一步地跟）

“是啊，我儿子本来就很可爱，你怎么能天天批评他呢？有你这么当老师的吗？我儿子今天哭着怎么都不进幼儿园。”

“浩浩妈妈，浩浩哭着不进幼儿园，您一定既心疼又生气。我非常喜欢浩浩，听您这么说，我都心疼孩子了。您能不能具体说说是哪一件事，我是替班老师，刚到班里 7 天，应该可以回忆起具体的事情经过。”

（与浩浩妈妈的感受共情，在语言上表达对孩子的爱，并表达愿意去解决这件事的意愿，使家长的情绪得到缓解，引导家长说出事情经过）

“我家浩浩说，那天他和小朋友一起趴在地上玩儿，你就批评他了，他一看到你就害怕。我儿子 3 岁时，在医院挂水被吓到了，现在只要有人批评他、训他，他都特别害怕，我们做父母的都不敢说他一句呢。”

（浩浩妈妈被带动后，基本上不带情绪地说明了情况）

“浩浩妈妈，我听明白了。非常抱歉，我不知道孩子小时候受到过惊吓，听您说了，我是真心疼孩子。我知道浩浩非常喜欢小 L 老师，我和小 L 老师沟通一下，让小 L 老师和浩浩视频一下，安抚好孩子的情绪，然后您明天继续送他来幼儿园，我会带他和其他小朋友一起玩儿，缓解他的紧张情绪，多照顾一下他，可以吗？”

（重复浩浩妈妈的话，是再一次地跟；表达心疼孩子，是进一步地与浩浩妈妈共情；提出解决办法，是带——让浩浩妈妈从情绪中走出来）

“嗯，浩浩是真的喜欢小 L 老师，那先让他们视频，看看孩子的情况再说吧……”

H 老师明白“情绪是信念的投影”，所以当家长有情绪的时候，先不急于解释，而是先跟妈妈的情绪，与妈妈的感受共情；后来了解到孩子之前有心理阴影，想到小 L 老师和孩子感情深，就提出了让小 L 老师与孩子视频的方法，最终让家长改变了认为老师不好的信念，有效地解决了问题。

当然，假如妈妈学过突破式沟通，可能就不会用案例中的方式去解决问题，也不会在孩子面前和老师争吵了。

家庭和学校都是培养和教育孩子的场所，所以，最佳状态是家校合作，家长和老师彼此信任，出现问题都能先控制住情绪，了解情况，还原事实，双方都站在对方的角度去思考问题，与对方共情。只有如此，才能建立起良好的情感联结，寻找有效的解决方法，达成共同的目的。

高宣

乐观教练
心理咨询师
企业系统排列师

亲密关系中的自我负责

今天的来访者小乐（化名）想让我给她一些帮助。小乐与丈夫的婚姻生活没有多大的矛盾，但小乐总觉得与丈夫沟通不顺畅，总觉得丈夫控制自己比较多。

我问小乐："你想要的是什么？"

她说："就两个人各自为各自负责啊！"

我问："那如果他不负责，你会怎样？"

她随口冒出："我会生气，有一种我不得不负责的感觉！"

（此时，我觉得要先让她看清楚自己的身份）

我让小乐思考她负责的时候是一个什么样的身份，两个人各自负责的时候又是什么样的身份。

她说，当老公不承担责任的时候，自己会冲上去，承担所有责任，自己就像是老公的妈妈一样。当老公与自己都各自负责的时候，她可以像小女生一样待在老公身边，甚至可以向老公撒娇。

（接下来，我们来探索身份背后有着怎样的信念）

我问："当你有当妈的感觉的时候，你是怎么想的呢？为什么要承担起所有的责任呢？"

她说："我得爱他，让他感受到很多的爱，所以我必须去做一些事来让他满意，我不能拒绝他，我拒绝他就是不爱他！"

（在这段沟通里，我们明显能看出来，小乐已经掉到了沟通的死角，她把拒绝等同于不爱，把自己的需求与不能满足对方的需求画上了等号。这个限制性信念该如何帮她破除呢？接下来，我教她运用五步沟通策略）

我问："如果他拒绝，你会怎么样？"

她说："我就会尽量让他得到满足，这样我才是个好妻子。"

我问她："这是谁对他的态度？"

她说："是妈妈对待儿子的态度。"

（此时就能明显看出来，身份是不对的，我引导她用身份定位法重新找回对彼此的尊重，她跟着我的引导，做了练习）

我问她在这个过程中的感受，她说最开始看着老公时，觉得他很弱小，自己只能照顾他，把所有的重担都扛在自己身上，其实自己也想做个小女人，不想做女汉子。有时候自己又很顺从他，觉得任何时候都被他控制。

当说到彼此尊重时，她意识到之前那种顺从、讨好都不是真正的爱，真正的爱建立在两个人平等的基础上。

（她似乎已经调整好了身份，身份定位清晰，也就没有那么

多的情绪了，我们再来看两个人的关系以及沟通中的障碍）

我问她："现在两个人的关系是怎样的？"

她说："我是他的妻子，他是我的丈夫，我们彼此平等、尊重、有爱。我们都可以对自己负责，管好自己该管的事情。"

我问她："接下来，你会如何和老公沟通呢？"

她说："以往，我都觉得他在控制我，总是让我干这干那，而我不太会拒绝，所以每次我都顺从他，我总觉得我很爱他所以我要顺从他，但经常在顺从之后，我就会有很多的抱怨或指责。"

（此时，她停顿了大约30秒，我知道她内在的某些东西被触动了）

她接着说："老师，我明白了，以往我总认为他是控制者，而我只能顺从，我是受害者。其实每当我顺从之后，我就能站在道德制高点指责他，我不断地把责任往外推。"

（更深一层的身份定位清晰了，清楚了自己喜欢站在道德制高点，接下来就更容易找到和谐沟通的路径了）

我说："如果用全新的身份定位，你不再是受害者，仅仅是一个妻子，你觉得夫妻双方最重要的是什么？"

她说："是尊重，就像身份定位练习带领我做的一样，我得先尊重自己，再尊重他。当我们之间有了足够的尊重，才有机会进行下一步的沟通。"

（接下来就要引导她看向行为层面，看看以后该怎么做）

我问："那接下来，如果他再让你去做某件事，你会如何做？"

她说："当我对自己负责时，我会尊重自己内心的想法，我只需要清晰地表达自己的想法，不用指责对方，不让自己一边妥协地接受，一边指责对方让自己成为受害者。”

我说：“是啊，你能这样想就太好了，未来如果与伴侣在沟通中出现了问题，你可以再次回想此刻的感觉，用自我负责的态度与对方沟通。”

我问：“此刻，你认为真正的自我负责是怎样的?”

她说：“真正的自我负责是对所有发生在自己身上的事情负责，别人的事不要替别人负责，责任不要都揽在自己身上，这既是对自己尊重，也是对他人尊重。”

我说：“今天我们练习突破式沟通，从你的限制性信念入手，看到你认为的‘爱他就不能拒绝他’；再看到身份，你是以妈妈的身份在替丈夫承担责任，而忽略了自己妻子的身份。当你看到自己总把责任往外推时，你总是把自己当作受害者。我们运用突破式沟通，重新定义自己的身份，清晰地表达自己的想法，尊重彼此。我相信，未来你们的沟通一定会越来越顺畅。”

第三章

投诉、抱怨的处理方法

曹桂英

国际教练联盟ICF认证PCC教练，累计教练对话1900小时

主任护师，在医疗卫生战线工作52年，有丰富的医疗管理工作经验，曾为600家医院做过内训

如何面对突如其来的投诉

突破式沟通里讲的 335 密码，不仅能在人际沟通遇到障碍时提供解决办法，还能为突发事件及各类投诉提供应对措施。

在工作中，不可避免地会出现各类投诉、沟通不畅的情况，处理不好，不仅会影响工作，还会极大地影响自己的情绪和人际关系。那么面对突发的投诉、沟通不畅的情况，335 密码如何快速帮助我们走出困境呢？

案例 1　被下属怼了，如何沟通？

这是发生在 2021 年夏天某医院早会科室交接班现场的事情。

早上 8:30 左右，我和某医院的院长正在办公室聊点事情，

突然一位 50 多岁的女同志推门进来，直接走到院长办公桌前，气呼呼地大声说：“这些主任都说不得了，一说就喊，还说了很多难听的话，说我们不体谅他们，说我们一天天没事就找下面的问题，还说有能耐我们自己干啊！你说说主任都这样，下属怎么看？以后让我们怎么管？不是上面要求严格检查，我才不想管呢！”说完，她眼睛望着窗外，我看她眼睛里面噙满了泪水，感受到了她的委屈和气愤。院长看看我笑了，可能是为了缓和一下气氛吧，随口说：“给你介绍一下，这是我们的业务院长（医院主管医疗护理工作规范及医疗安全工作的院长），这位就是我常跟你们说的曹老师。”氛围稍微缓和了一下，为了打破尴尬，我也说了一句：“家家有本难念的经啊！”

通常人们碰到这样的情况会如何回应呢？一般会有 3 种回应。

第 1 种：我们会回想起自己被下属怼了的经历，会带着情绪跟业务院长说：“就是嘛，这些人就是仗着他们业务好，不把别人放在眼里，跟领导反映过几次了，领导听了只是笑笑，也不说他们，倒霉的还是咱们。”

沟通的 3 个死角之一就是情绪，业务院长还在不良情绪中，我们还火上浇油，同时还主观地对科室人员进行了否定，如“仗着他们业务好，不把别人放在眼里”。这里没有做到与业务院长的情绪共情，反而一起掉到了情绪里面。

第 2 种：“以后你就不说他们的问题，等检查出了问题再看是谁的问题，让大家也知道一下这些主任。你被他们气成这样，何必呢？”

第 3 种：“别生气了，消消气吧，您大人有大量。”

没有做到“先跟”，跟情绪（你让下属怼一下试试看，别站着说话不腰疼）、跟身份（“您大人有大量”无疑在说她不大量）。

我们来看看学习过突破式沟通的院长是如何回应的。

第1步是共情。“大清早就发生这样的事情，换作是我，可能当时就发火跟他们怼起来了。也就是你大人有大量，被怼了，没有多说什么就回来了。”给业务院长倒杯水端给她，业务院长情绪稍微缓和了，坐下边喝水边说：“让您见笑了，其实这些主任平时也不这样，今天不知为什么就生气了。”

看看上面这段在说什么？这是不是在“先跟”？跟她的情绪、跟她的身份，并且表达自己遇到这种事也会有这样的情绪和感受，让对方感到有人跟她是一样的！

当业务院长被理解以后，情绪慢慢平复下来，这样她才可以心平气和地来对待这件事情。领导说“换作是我，可能当时就发火跟他们怼起来了。也就是你大人有大量，被怼了，没有多说什么就回来了”，就是与业务院长的情绪和身份产生了共鸣，此时领导和业务院长的感受是一样的，被下属怼一顿是很不舒服、很生气的，两个人的沟通就产生了共鸣。

第2步是询问。“早会上发生了什么让主任们发火？”

业务院长回答：“这几天我检查了他们前两个月的出院病历140份，发现存在记录与事实不符、漏记、没有签字等问题，有的病历存在1项问题，有的有2项问题，个别的有3项问题，140份病历里面有40份病历都存在不同程度的问题，你说我能不生气吗？主任们平时是怎么检查和把关的？我看他们就是不负责任。”

领导这时候笑着说：“你检查得真是认真和仔细，数据也很清楚，我挺好奇这个检查结果你在早会上是怎么反馈的。”

业务院长：“我说你们有点责任心可以吗？检查了140份出院病历，存在问题的病历几乎有一半了，平时你们是怎么检查的，不把好关就上交，能不能有点责任心啊？您说我能不生气吗？这事放谁身上不生气啊！我就差当场把病历甩给他们了。”

（“能不能有点责任心？”是在否定大家，认为大家是没有责任心的人）

领导笑眯眯地问道：“参加早会就想狠狠地批评他们一顿？”

业务院长回答：“是啊！”

领导问：“有效果吗？”

业务院长：“有啥效果啊！这不是把我怼回来了吗？”

领导又问：“你反馈这件事情想要达到什么目的？”

业务院长回答：“把有问题的病历拿回去完善后再归档，还有就是主任要检查和把关，大家也要注意以后不要再犯类似的错误！”

（效果比道理重要，就是要明确沟通想达成的目的，把控好情绪，可以表达情绪，但是不能情绪化地表达）

领导笑笑了说：“看来事与愿违了，你和主任还有科室医生都有情绪了吧？”

业务院长说：“就是想想挺生气的，如果他们认真点，就不会有这么多问题了，所以就把气话都说出来了。他们就应该知错，不应该为自己的错误找借口，还说我态度不好。”

（接下来，业务院长的声音没有那么大了，因为领导跟了她的情绪，她被领导理解了。到这里完了吗？突破式沟通里面的335密码是“先跟后带”，看看领导是怎么带的）

领导又笑眯眯地说："那会上沟通的结果是你想要的吗？"

业务院长说："不是。"

领导接着说："假如咱们可以不带情绪地表达对这件事情的感受，你会怎么说？"

业务院长说："那我会说，这次对咱们科室两个月出院的 140 份归档病历做了检查，检查结果让我很不满意，看到一些不应该出现的问题。我很不理解，大家都是很有经验的医生，对病历书写很熟练也很认真，一直都做得很好。但是在这次检查的 140 份病历中，漏项的、漏填的、项目没填全的、记录不完整的、三级医生查房漏签字的就有 40 份。有的病历存在 2 个以上问题，以往检查只是个别病历有问题，这次却有 40 份，都是不应该出现的问题，会后请主任到病案室把病历调出来，检查一下，做一下补充完善，届时我们也会把再检查的结果反馈给你们。科里也要召开会议讨论一下，这次出现问题都在哪些环节上，每个环节的问题是什么，吸取教训。"

（业务院长首先对大家进行了肯定，大家都是经验丰富、认真负责的医生，然后再提出问题，要求大家改正）

领导问："如果我们这样反馈会收到什么样的效果？"

业务院长回答："大家应该会接受，主任们也不会情绪激动。"

总结：领导在沟通对话中，首先与业务院长建立了好的关系，与对方共情，先跟后带，接下来就是还原事实、发掘价值，让业务院长自己找到解决办法。

案例 2　护士长巧妙化解医患矛盾

很多投诉几乎是在我们毫无准备的情况下突然出现的，投诉者及家属往往开始情绪非常激动，他们会直接讨要说法。面对这样的情况，如果我们掌握了突破式沟通的技巧，就能更好地化解这些让人头疼的投诉，改善与投诉者的紧张关系，为下一步合理解决问题奠定基础。

投诉者：患者及家属

接待者：科室人员及护士长

家属："你们怎么回事？为了中午不耽误你们吃饭，病人就一直等。你们吃完饭了，才管我父亲，你们知道我父亲有多难受吗？你们说怎么处理这件事情吧？一个半小时，足足等了一个半小时！我父亲是上午十一点左右来医院的，他早上吃饭的时候一块鸡骨头吞进去了，卡在食道，特别疼，结果你们大夫检查完了，也不给解决，就给他一张单子让他去做检查，一点半做完这个检查，结果出来以后才可以取。真不是你们的家人你们不着急，你们吃完饭才管我们，你们都是一帮什么大夫啊！不管病人多难受，只顾自己吃饭去了，让我们足足等了一个半小时。"

家属找医生讨要说法。

以下还原医生接诊情况：

患者："大夫，你快点给我看看，早上我吃饭的时候，一块鸡骨头不小心卡在喉咙里了，本想吃点什么能下去，结果也下不去，越来越疼了，没办法不得不来医院找大夫看看。"

大夫："为了准确定位异物在食管中的位置，需要做一个影像检查。你最后一次吃东西是几点?”

患者:“想吃点东西把这块骨头吞下去,就吃了几块馒头,结果也没有吞下去,还疼得要命。”

大夫:“那最后吃东西到底是几点啊?”(语气有点硬)

患者:“我来这里前,好像是九点半。”

大夫(看了一下手表):“现在马上十二点了,那就下午一点半去做一个X光检查。”(说完给患者开了单子,然后脱了白大褂就走了)

(缺乏同理心,患者此刻很难受)

患者一脸懵,拿着单子愣愣地站在那里,不知道干什么。然后给孩子们打电话。一点多钟的时候,女儿、儿子全来了,听父亲说完事情的经过,看到父亲难受的样子,想想大夫为了吃饭,竟然让父亲这么难受,气就不打一处来。大夫、护士被他们的声音惊动了,都过来询问,女儿上前和大夫、护士理论起来了。儿子更是火冒三丈地说:“什么医院,什么大夫啊,今天必须给一个说法!”人也越围越多,老人这时候好像也忘了疼,给儿女帮腔。

(患者及家属的情绪没有得到重视,情绪在放大)

大夫、护士:“我们也是为患者好才这么做的啊!好心当了驴肝肺,真是什么人都有,不讲道理的人,不可理喻!”

(对患者家属身份层面的否定——“不可理喻”,引发了更大的情绪)

接下来,护士长来了。看看科室护士长如何处理。

护士长:“哪位是患者?”

患者:“我是。”

护士长："您好！上午我出去开会了，刚回来，这几位是您什么人？"

患者："女儿和儿子。"

护士长："好福气啊，儿女双全。大爷，发生了什么让您和孩子们生这么大的气啊？来来进来，别在外面站着，几位请坐！"

患者和家属把事情说了一下。

护士长："难怪您生气，大中午的让您等了一个多小时。大爷，您说的这个体验我也有啊！有一次我到一个医院看病，需要做化验，也告诉我等一会，结果快一个小时也没有做上，问他们就说等一会，把我气得火冒三丈，对着他们就大吼起来，后来知道他们的设备发生点意外，我很过意不去。所以我现在特别理解你们。"

（先"跟"患者和家属的情绪，为下一步的"带"营造氛围）

患者及家属："就是啊，让我爸爸等了一个半小时。"

护士长："大爷，看得出来，您是一位慈祥的老人，不愿意给孩子添麻烦，自己来医院看病。两个孩子也很孝顺和心疼父亲，接到电话就赶来了，听说您等了一个半小时，就急了，要讨一个说法。理解，真的理解。"

（对老人身份给予肯定："您是一位慈祥的老人，不愿意给孩子添麻烦。"对两个孩子的身份给予肯定："很孝顺和心疼父亲。"）

家属："就是啊！我爸爸就这样等了一个半小时，多难受啊！护士长你可要主持公道啊！"

（患者及家属的声音明显低了一些了，情绪缓和了，这样就能够接收信息了）

护士长："为了将异物准确地取出来，就需要做一个影像检查，确定异物在哪个位置。这个检查，需要进食四小时后做，你父亲的进食时间是九点半，四个小时后正好是一点半，大夫看表的时候其实是在算什么时间做检查合适。大夫看完表说一点半，恰好是午休后上班时间，大夫又没有解释一下，换了谁都会误解。换了我也会以为他们为了吃饭，把我晾在这里。”

（这部分是还原事实，患者及家属知道事情真相后就会主动配合）

患者及家属：“是这么回事情啊，如果大夫当时解释一下，我们就不会生气了。”

护士长：“看你们也是通情达理的一家人，以后我们再开医护联席会议，邀请你们参加，希望你们给我们多提建议。”

患者及家属：“好啊！我们非常愿意。那我们去做检查了，回来赶快取异物吧。”

护士长：“好的，你们去吧，我让大夫做好准备，检查完回来咱们就可以取了。”

总结：从第二个案例中，我们得到了什么启示？在投诉案例中，同理心特别重要，同理心是打开沟通的契机。同时需要在先跟后带上下功夫，还要还原事实，聆听需求，这样可以在与投诉者共情后更好地带。

在日常工作中，我遇到的投诉种类很多，如对质量不满意的、告知不到位的、对出现意外不理解的、对价格有异议的、对服务态度不满意的、与预期有落差的。在日常工作中我们会遇到的投诉和抱怨，一般不外乎上面六类。如何将这些投诉变为提升各项工作水平的资源呢？我们可以运用“突破式沟通”课程里的知识，用学到的技巧来处理各类纠纷、投诉。

案例 3 输液过敏后的医患矛盾

2017 年 4 月的一天下午，有几个不速之客突然闯入我办公室，其中一个人问："你是院长吗?"看到这几位气势汹汹的样子，我马上警觉地站起来。

这几位不速之客是之前一位患者的家属。以下还原这位患者就诊时的场景。

患者那天上午 9 点多就诊，主诉阴道发痒，最近两天加重。医生检查和做了化验后，确诊为急性阴道炎，给患者输了液，用药前询问过是否有过敏史，选择了基本没有副作用的消炎药，药物说明上除了孕妇及哺乳期妇女慎用外，没有其他禁用的说明。患者输液 30 多分钟后，自述身上发痒，护士立即停止输液，马上输了脱敏药物，整个诊疗和处理过程符合医疗规范。用药后，患者身上还有点散状的荨麻疹，随着脱敏药物的输入，也在逐渐减少和消退。

以下还原这位患者和家属到医院后的场景。

患者及家属 5 个人来到我办公室，其中一个高个子男的气势汹汹地问我："你是院长吧? 这个事情怎么办? 来的时候没有事情，在你们这里用点药就痒痒，浑身都起了疙瘩，好好一个人，现在班也不能上了，这是医疗事故，你们得赔。"同来的几个人也七嘴八舌地吵吵嚷嚷，根本听不清在说什么。有人还拉扯我的衣服，揪我的胸卡看，那阵势我要一说话就会吞了我，我根本插不上话，他们也越说越激动。

（患者家属在极大的情绪中，这时候沟通不是最佳时机）

听着他们气势汹汹又毫无道理的指责，我必须保持镇定，不能被卷到情绪里面。等争吵间歇的时候，我的机会来了，我马上插话了：“此刻我非常理解你们的心情，我是院长，不仅对员工负责，也要对患者及家属负责。我相信你们是来解决问题的。我有一个建议，你们推选出一两个人，能够代表患者本人意愿的，咱们坐下来谈谈好吗？不然你们这样吵，我根本听不清，咱们吵到天黑也解决不了问题，你们说呢？”

家属说：“我们当然不是来闹事的，谁家人摊上这事不着急啊？你说的也是，我们商量一下，看看谁来做代表。”

我说：“好的。”

家属说：“我是患者的哥哥，我和我妹妹一起谈吧。”

（第一步理解家属的情绪，让患者家属的情绪有所缓和）

我说：“好的，可否请你们先把知道的情况说一下。”

哥哥说：“来的时候挺好的，输液 30—40 分钟时身上就开始痒，护士告诉大夫就停了输液，打了一个小针说止痒的，输液管里重新加的药物也说是治过敏的。你说这是不是你们的责任？”

我问：“现在患者情况好多了吧？”

哥哥说：“小点点和疙瘩消了。”

我问：“大夫用药前，问过你用过这个药吗？”

患者说：“问了，我说没有用过，我很少生病，也很少用药。”

我问：“问过你有过敏情况发生吗？”

患者说：“问了，我说不记得有过敏的情况发生。”

我从药房工作人员手里接过药物说明，看完第一张药物说明，又看第二张、第三张，看完我问他们有什么不同。

患者和哥哥说：“一张里面只说孕妇及哺乳期妇女慎用；另

外一张除了这条，还有一条是偶有过敏情况发生，停药或者用抗过敏药物即可好；最后一张明确说了用药前必须做过敏试验，试验阴性，方可用药。”

我问：“那咱们使用的药物的说明是哪一张？”

患者说：“第一张。”

（第二步厘清情绪、还原事实。当看到事实的时候，患者及家属原有的一些信念和想法就会改变）

我说：“这张上面没有提到过敏，说明在药物上市前的药物试验样本中没有发生过敏现象，发生过敏是极为特殊情况，或许和当时人的身体状况或者其他因素有关。医生和护士都是遵照操作规程来操作的，出现意外，咱们立即停药并且采取了应急措施，现在症状也好了，不会有什么后遗症，也不影响工作。食物还有个别人过敏呢！”

哥哥说：“这么说，就是我们活该倒霉呗？你们什么问题都没有？”

我说：“咱们吃海鲜、吃鸡蛋过敏，好像不会去找卖鸡蛋和卖海鲜的吧？”

患者和家属说：“你真会比喻和说笑，吃鱼、吃虾过敏了，下次注意呗。”

我说：“是的，您说得对。不过过敏挺不舒服的，好在现在症状都好了，我也放心了，炎症这块可能还需要用点药，我送你们去医生那里，看看能够用点什么药好吗？”

（转移了患者及家属的关注点，关键是我们要治好患者的疾病，关注点要放到效果上）

患者问：“可否考虑用点中药？”

我说："听医生的意见好吗?"

患者说："好的。"

我说："其实挺感谢你们选择我们医院，也感谢你们的信任，希望以后你们多提建议。以后你们就是我们的 VIP 客户，一会我带您去客服部做一下登记，同时把 VIP 待遇和你们说一下，可以吗?"

患者和家属说："好的!"

总结：在处理投诉时，第一步一定是先跟后带，与对方的情绪共情，这样可以创造良好的沟通氛围；第二步一定是还原事实。沟通的重点应放在客户要解决的问题上，不要被客户的情绪带着跑。

姜欢笑

国家二级心理咨询师
欢笑满颐夏令营创始人
企业终端服务问题解决者

突破式沟通实现服务大反转

我前些年接到一个咨询，是我的线下学员小李来找我。根据学员小李的描述，事情的经过是这样的。

学员小李是一个商场的家电销售服务员，这家商场没有投诉部门，大部分售后人员的沟通能力不行，接通电话还没有说几句，就和客户吵起来了。小李卖出的一台冰箱遭到了投诉，因为她对购买这台冰箱的那对老夫妻情况比较熟悉，所以被要求处理投诉。

老夫妻购买的是一台双开门冰箱，这款双开门冰箱款式比较新颖，价格也特别高，25800 元，商场只摆了一台。这对老夫妻的儿女在国外，老夫妻说他们年迈，不能经常出门，学员小李就根据他们的需求，推荐了这款双开门冰箱。

冰箱送到客户家里第二天就出现了问题，老夫妻打电话投诉，一个沟通能力不足的售后人员几句话就把事情搞砸了，然后学员小李就被要求处理投诉。因为老夫妻找了商场没有解决问题，所以老夫妻比较生气，电话转到学员小李这里的时候，老夫妻已经非常生气了，小李说老夫妻当时是这么跟他说话的：

"小李，你怎么是个骗子呢？前几天你卖冰箱的时候口口声声说你们的冰箱质量有多好多好，冰箱昨天送到，今天就出现问题了，你们欺负我们 80 多岁的老头老太太，我们已经打了好几个电话，都没有给我们解决问题，你们踢皮球吗？你们会遭报应的！我们买了你们这么贵的冰箱，第二天就出现问题，我家里那么多海鲜都化了，海参、鲍鱼价值好几万呢！你们要承担我们所有的损失！"

这个电话打过来，完全没有给小李任何说话的机会。小李只说了一句话："我去现场看看。"

对方"啪"地把电话挂断，小李被老夫妻突如其来的大发雷霆气哭了。

我用了突破式沟通五步沟通策略中的厘清情绪，让小李深呼吸和回应自己的情绪。

我说："小李，现在你可以给自己倒杯水，喝几口，然后深呼吸。等你完成这些事情后，我们再继续。之前顾客把糟糕情绪都传给你了，甚至上升到人身攻击，你特别委屈是吗？"

小李特别恼怒地回答："是。"

我说："还说你是骗子，还说你会遭报应的。"

小李继续委屈地哭诉："我不就是卖个冰箱给他们吗？怎么就成了骗子，怎么还要遭报应呢？冰箱坏也不是我造成的呀！"

我说："是的呢！谁也没有想到那么多冰箱当中，真的有一台不好的，而且冰箱也不是你制造的，你只是个销售服务员，这不是你的错。"

学员小李说："就是，又不是我的错。"

我见小李的心情平静下来，就继续和她沟通。这时，我让小李安装了第一道防火墙——换位思考。

我说："小李，现在我请你做件事情，就是你设想一下，如果你是那对老夫妻，花25800块钱买这么贵的冰箱，满怀期待地把食物放进去，结果发现冰箱竟然不好用，那么贵的食物，比如一斤几千块的海参、鲍鱼化了，找商场解决，商场各种推诿，最后找到了售货员这里。如果你是那对老夫妻，你会是什么心情呢?"

小李在我的引导下进行了换位思考，她想象自己是那对老夫妻，设身处地体会他们的感受，小李看到了老夫妻的所有攻击性情绪指向的是小李售卖产品的质量和售后服务，与小李本人无关，也与小李的服务无关。

这时候，小李真的释然了。

五步沟通策略——建立关系

我帮小李梳理了一下他和老夫妻的关系："你把冰箱卖给老夫妻之后，你们的买卖关系就结束了，你们的服务关系也结束了。现在冰箱出了问题，商场把这个棘手的事情交给了你，你就要处理投诉，即使售后不是你的职责范围。现在你和老夫妻的关系是投诉与处理投诉的关系，还记得我们的身份定位吗？就是接受、尊重、爱，全然地接受、尊重、爱身边所有的人。

“那么，在这里，我们接受什么？接受老夫妻因为这个冰箱出现质量问题，有可能损失了很多贵重食物的愤怒情绪；尊重，如果你们不是现在投诉和处理投诉的关系，你看到这么大年龄的老人，天然地就会产生尊重和心疼的心理；爱呢，就不用说了，刚才通过换位思考，你也有了深刻的体会，老夫妻身边没有儿女帮助，手足无措，一次次打电话也没有解决问题，你自然就会有帮助他们解决问题的想法。”

五步沟通策略——找到方法之后带

小李问：“那我接下来该怎么做呢？”

我说：“你想怎么做呢？”

小李说：“我会去客户家里查看实际情况。”

我说：“我感觉你的情绪已经调整好了，那么根据正常的处理方案，我们是不是可以做得更多一点呢？比如和商场协商，将备用冰箱送到客户家里，把食物尽快冰冻，减少损失，然后让售后来检查一下，看看是不是冰箱的压缩机出了问题，如果是，提供退货、换货、维修三种解决方案让客户选择。你觉得这样解决客户会不会满意呢？”

小李欣喜地说：“哎呀，太好了，欢笑老师，我和我们经理说一下，就按您说的办。后面再和您分享结果！”

在我运用突破式沟通和小李沟通完之后，小李去了买冰箱的老夫妻家，按照我说的做了，最后的结果是事情圆满解决。老夫妻为自己的态度道歉，最大的意外是他们竟然介绍了自己的邻居也买了同款冰箱，后来老夫妻去商场购物，还带了自己包的饺子给小李。

更意外的是学员小李因处理这件事情得当，被升为销售主管，工资也增加了，皆大欢喜。

很多朋友会问，突破式沟通到底是什么？有你说的这么好吗？那我就在这里对这个案例与突破式沟通做一个简单的小结。

突破式沟通运用了心理学原理，通过安装沟通防火墙，突破三大沟通死角；通过“先跟后带”五步沟通策略，专门解决亲密关系、亲子关系、职场关系等各种人际关系中的沟通问题。

在上面这个案例中，我运用了突破式沟通的这几个大招。

我用到了沟通三道防火墙里面的换位思考。

在小李平静下来之后，我让小李做了换位思考。假如她是购买冰箱的老夫妻，买到了劣质产品，找商场沟通，没有解决问题，她会有怎样的心情，会不会也那么恼怒呢？当小李体会到老夫妻的感受时，这三道防火墙的其中一道就已经起作用了。

我还用到了自我情绪管理。

在我第一次接到小李的电话时，我让她喝水、深呼吸，引导她平复自己的情绪。当小李能够接受自己的负面情绪之后，才能够接受身边其他人的负面情绪，这时我才开始慢慢引导小李认识到老夫妻愤怒的情绪指向的是产品质量以及售后服务的漏洞，并不是针对小李本人。

接下来是五步沟通策略里面的几个要点。

建立关系

和客户之间建立的关系，第一层是销售关系，当货物送达客户家中时，销售关系就结束了；当产品质量出现问题，商场将投诉转到小李这里的时候，她和客户又建立了第二层售后处理关系。

身份定位

接受、尊重、爱。

在处理投诉的关系中，我们代表的是商场，而不是我们个人，所以不能带有个人的情绪感受。客户的抱怨、愤怒针对的是产品的质量问题和售后服务，不是针对我们个人，所以我们应该接受、尊重、爱身边的人。

厘清情绪、还原事实

在这个案例中，最开始学员小李被攻击后产生委屈情绪是没有把自己和商场职员的身份分清，当身份是商场职员时，就不应该把个人情绪带入工作。

找到方法

提出三种解决方案：退货、换货、维修。同时通知售后人员将备用冰箱送到用户家中，解决老夫妻家中冰箱化冻的问题。

我只用了突破式沟通不到十分之一的内容，就收获了意料之外的结果。

毛丽娟

国家税务总局总局级师资（纳税服务系列）
国际培教院授权讲师
2017年获得“全国最美家庭”荣誉

用突破式沟通化解税务工作中的矛盾

案例 1

2023 年 7 月公布新的社会平均工资后，A 地对本年缴纳灵活就业人员养老保险的人员进行差额补扣，补扣时开通了银行卡短信服务的缴费人就会收到银行发送的扣费短信，但银行在扣费前会发一条通知，实际扣费时又会发送一次扣费信息，导致一笔扣费会产生多条短信，有的缴费人就误以为扣多了，于是打电话质问税务所。

缴费人：“你好，是大溪税务所吗？”

工作人员：“是的，请问您有什么事？”

缴费人：“我收到银行发的十几条社保扣费信息，都是 32.2

元，是什么情况?”

工作人员：“这个是今年社平工资调整后对您之前几个月缴纳的社保费进行的差额补缴。”

缴费人：“那今年才到8月，补缴也最多只补前面7个月的，为什么一次性扣了我十几个32.2元，哪儿有你们这样乱扣费的!”（缴费人情绪比较激动，开始提高音量，后面还说了很长一段抱怨的话）

工作人员：“确实，换成是我一下子被扣这么多笔钱，我也着急，现在大家挣点钱都不容易。”（同理心，换位思考）

缴费人：“谁说不是呢！都是辛苦钱。”

工作人员：“是的，所以我帮您查清楚了，扣费记录里面只有您前面7个月的补扣，没有多扣的，多发的信息可能只是银行的提醒或者人社局发的消息。如果您还是不放心，您可以在手机银行App或者银行柜台查询扣款明细，看是否有多扣。如果真有多扣的款，您再打电话联系我，我帮您处理。”（再一次理解缴费人“还是有点不放心”的心理，并提出解决方案，让缴费人没有后顾之忧）

缴费人：“哦哦，原来是这样，我还以为银行给我发了十几条短信就是扣了我十几次钱，那我看下手机银行的扣款明细。麻烦你了啊。”

工作人员：“没有没有，应该的。”

案例2

为便于政企沟通，A市B局在全市加大推广政企互动平台力度，要求各分局通知企业人员在手机上安装政企互动平台 App。某分局基础管理岗人员曹某根据管理系统中的联系电话，逐一电话通知企业人员安装互动平台 App。受新冠肺炎疫情影响，曹某所在的分局采取错时用餐。2020 年 3 月 11 日中午 11:20 分左右，曹某在用餐时接到企业人员柳女士电话。柳女士表示，她接到单位原职员电话，要求她下载 App，但原职员未讲清楚具体缘由，她想问下需要办什么事项。

曹某答道："这两天我电话通知大家是为了安装政企互动平台 App 的事情，我已经告诉你单位的主管如何安装了，我现在正在吃饭。"

柳女士说："现在 11:30 还没到，你们怎么在吃饭！你为什么没有直接打电话通知我？"

曹某答复："我没有你的电话，无法通知你！"（通知柳女士下载 App 的原职员已经离职，单位未及时修改系统内人员的基础信息，导致曹某仍通知原职员）

没等曹某说完，柳女士就挂断了电话。由于沟通不畅，柳女士未能及时安装政企互动平台 App，从而未能加入互动平台。柳女士随后拨打服务热线进行投诉。

在政务服务投诉中，常见服务言行类投诉，多数是工作人员沟通方式简单、言语生硬、态度不好、行为举止不符合文明服务规范要求造成的。在本案例中，曹某在工作时间接听咨询电话时，以正在吃饭为由，拒绝解答询问人的问题，再加上沟通不当，引起询问人不满。

这体现出政务人员调整身份定位和学习同理心的必要性。一是从"管理者"到"服务者"的身份转变。要转变心态和姿态，变居高临下为平等尊重，变体现管理者意志为体现双方共同意愿，把握住“服务者”的角色特点，界定服务内容，了解服务政策，选择服务方式，全面监管服务过程。也要认识到自身在提升公民满意度、实现公共利益、塑造良好的政府形象中所扮演的角色。二是培养同理心，学会换位思考。带着情感沟通交流，站在群众的角度想问题、看问题，把基层服务做深、做细、做实。人同此心，心同此理，政务人员与群众不是站在对立面，而是站在同一共情线上的普通人。既然是普通人肯定会有喜怒哀乐等各种情绪，会遇见各种突发状况和各种意外。自己遇到事了，能不急吗？能不想方设法尽快解决吗？把群众的事情当自己的事来解决，群众当然会满意的。

政务人员应有同理心，这是基本的权力伦理。曾经，时任陕西安监局局长的杨达才，因在一起重大车祸现场面露微笑，引发舆论强烈抨击，最终因“表哥”风波而落马。曾荫权在担任香港特别行政区行政长官时，发表《香港家书》，向市民剖析自己的心路历程：“……去街市逛逛，与市民闲谈，与的士司机打招呼。虽然时间短，很难深入倾谈，但从他们的语气、眼神及动作中，可以感受到他们的情绪、他们关注和喜恶的事情……当权者不应高高在上，绝不能以一种精英的傲慢，由上而下看待平民百姓。”政务人员对社会民情要有感性认识，要尽量从市民角度去感受他们的喜怒哀乐。愿政务人员能善用同理心，搭建起与人民群众的“连心桥”。

案例 3

在B税务局进行突破式沟通实训时，针对二手房交易窗口投诉多发的情况，团队进行了专题研讨。他们认为在业务办理中，群众易因等候时间过长、遇到突发状况等原因诱发焦虑情绪，焦虑情绪经常会转化为对窗口服务人员的不满，进而表现为有攻击性的情绪宣泄行为。在工作中，窗口人员往往关注的是流程的严谨，忽略了买方和卖方对于情绪的需求。因为与家庭的其他投资相比，家（住房）对纳税人来说，有着更多的感情寄托。房屋产权的办理对人民群众有着特殊的含义，住房代表着家庭的港湾，同时也是人民群众对美好生活的向往。

经过讨论，团队提出可以运用同理心优化窗口服务。团队列出许多恭贺纳税人成功交易的话术，例如对卖方可以说："祝贺你，搬新家了，愿你的生活越过越好！"对买方可以说："恭喜你完成了一件人生大事，从此可以风雨无阻为家打拼了！"并向纳税人送出祝福小卡片，持续做好后期的跟踪服务，不断优化便民举措，让二手房转让涉税窗口的服务不仅有速度，更有温度。一纳税人表示："非常开心能够收到来自税务局的乔迁祝福，今天我们来办理房屋登记本来就很激动，辛苦了大半辈子，终于有了一套属于自己的房子，现在又收到了税务局的暖心祝福，真的很开心。"在突破式沟通培训之后的实践过程中，B税务局用最真诚的服务，让纳税人有了好的办税缴费体验。

案例 4

场景：A市办税服务厅

人员：B公司刘会计、导税员小王、大厅值班领导陈所长

2020年1月21日下午，B公司的刘会计在办税服务厅等候

了许久，还没办理业务，忍不住走向导税台。

刘会计：“你好，我的号为什么这么久还没叫到？”

小王：“看今天的取号情况，前面排队的人较多，请您耐心等待。如果您有其他需要帮忙的地方，可以随时提出哦！”

（只强调了客观情况，没有回应纳税人的焦虑情绪）

刘会计（面带怒气）：“我已经等好久了！我看比我晚来的人都已经办理好走了，1号、2号窗口明显比较快，怎么还没轮到我呢？是其他窗口人员业务不行呢，还是你们这个叫号可以插队呢？我要投诉！”

小王（看了下刘会计的号）：“您这个是综合业务的排号，您看到的1号、2号窗口办理的是发票审核业务，业务类型是不一样的，您可以在等候区稍作等待。”

（继续“讲道理”，但明显效果较差）

刘会计：“还等？前面一共就几个号，我都等这么久了，还要怎么等？为什么其他业务叫号就叫得快？”

小王：“叫号快慢取决于办理业务的速度，发票窗口业务流程较为简单，确实办起来会快点，但综合窗口的业务比较复杂和麻烦，所以相对会比较慢。”

刘会计缓和了一下语气问道：“那前面的人办不完，我们后面的人就不能办理啦？你去和窗口的人协调下嘛，随便来个人帮我办理，不能让我一直干等着啊！”

（了解情况后，刘会计的情绪缓解了一些，但是依然表达了自己的诉求）

小王也很无奈地说道：“您看大家都取了号在排队等候，不可能因为个别原因影响整体的公共秩序，请您谅解！”

（告诉对方没有办法，再次引发矛盾）

刘会计不高兴地说道："行！你们没办法，我找你们领导！"

办税服务厅值班领导陈所长看见纳税人正在吵闹，上前了解情况："您好！我是今天办税服务厅的值班领导，请问您需要办理什么业务？"

刘会计："领导你来得正好！我向你反映一下我们基层人民的心声啊，也想给你们一点建议，你们这个排队时间实在是太长了，我是从湖州专门下来办事情的，您体谅下我们路程远，安排个工作人员帮我们先办了好不好呀？谢谢您了！"

陈所长："好的，请您跟我到后台喝点水，我先看看详细情况，我们慢慢说。"

（引导纳税人平复情绪，积极想办法帮助解决问题）

随即，陈所长安排了后台工作人员开展调查，向相关人员询问了详细情况，并调取了叫号系统记录。通过数据分析得出，由于年关将至，纳税人办理业务数量激增，确实出现了等候时长有所增加的情况，但仍保持在正常等候时长范围内，且刘会计在导税台取号后，未配合好导税员填写相关报表资料就直接进入了等候区。陈所长立即做出了以下处理。

陈所长："您好！在这里首先向您表示歉意，很理解您一直等的心情，其他窗口都换几拨人了，自己窗口还没动静，要是我也着急。

（同理心）

我要向您表示谢意，您今天反馈的情况让我们看到了服务可以优化的地方，接下来我们将根据纳税人等候时长对窗口配置进行优化。欢迎您以后多跟我们提意见，让我们更好地服务大家。

（点出这次投诉对于优化窗口服务的价值）

“最近来办税服务厅办事的群众确实较多，插队影响不好，现在也没有办法增设窗口。我们先安排一位大厅导税员帮您了解业务的具体流程，辅导您填好表格。我们在等候区把材料准备好后，一会排到号就可以马上办理，您看这样可以吗？”

（在原则框架内做“可以做的一切”）

刘会计喝了水后，心情平静下来：“好的。刚才也是我着急了，不好意思！到年底了，业务多，你们也不容易，可以理解。那我就先出去把表填好，谢谢您！”

陈所长：“感谢您的理解，请您继续支持税务工作，谢谢！”

通。对方部门的同事，可能是我们没接触过的，根本不知道他们的个性、脾气、处事风格、司龄、背景等，甚至连他们的职务或职权范围都不是很清楚，所以很多人基本上是能躲就躲，能不说话就不说话，能发邮件就发邮件，甚至内心还希望对方没看到或不要回复，反正自己联系过就算完成任务了。

本文中的案例就是从职场中的跨部门沟通入手，生动地阐述了突破式沟通的基本理念和工具的具体运用。

案例 1 这是你们部门的事，与我无关！

某天，小张的部门要组织一个客户活动，小张需要另一个部门安排接待的餐厅。当小张找到公司负责预订餐厅的李老师时，李老师一听说是小张所在的部门要预订餐厅，突然态度非常强硬，直接回绝了小张，并没有好气地说："这是你们部门的事，我这里只负责公司层级的餐厅预订，不负责部门的，这不在我的工作职责范围内，你们自己想办法。"

从对方的反应，小张其实马上就能觉察出对方可能吃过亏，所以非常理解李老师当时的想法，这样就与李老师产生了共情。

在职场，经常有一种认知，认为事能不做就不做，多做多错、少做少错、不做不错，尤其不是自己部门的事情，做了，自己没有直接的业绩产出，万一搞砸了，自己反而受牵连。这种思想，很容易造成上述情况的发生。

所以，如何让对方认识到做这件事是有价值的，或者说，让对方认识到这是我们共同的事情，是跨部门沟通的关键和有效突破点之一。

小张明白李老师的难处，说：“李老师，我非常理解您的处境，预订餐厅需要考虑菜品、环境、价格、服务、路程、停车等问题，还是要花费很多时间的。尤其是公司的餐厅预订，更要做好、做细，做得让各方都满意，真的非常不容易，确实是需要花很多心思的。”

小张非常客观细致地描述了李老师在预订餐厅工作中的细节，又非常有同理心地表达了对李老师工作的肯定，能让对方感觉到小张确实非常理解自己的付出，并能理解这份工作的辛苦与不易，从而瞬间加强与小张内心的联结。

李老师语速明显放慢，边回味自己的辛苦和不易边说：“是呀，你们都觉得预订餐厅很容易，其实里面很有讲究的，要考虑很多方面，哪有那么简单啊！”

当李老师在说这些时，他的态度已经不强硬了，说明小张的共情是有效的。

小张顺势继续说：“李老师，我就觉得能找到您帮忙是非常幸运的，我都不知道还有那么多预订细节，而且每个细节还要动脑筋、花时间，逐一确认，让各方都满意，这真得要多向您请教。”

此时，小张进一步挖掘出对方在预订餐厅工作中的价值，让李老师感觉到预订餐厅看似不属于公司主营业务，但也非常能体现他在公司的价值。同时，小张适当谦卑地请教，也可以让李老师感觉到小张是真诚地来寻求帮助的。

李老师此时的语气已趋于平缓，开始和善地说：“请教不敢当。你们这是什么接待规格啊？我这里有些餐厅资源，你们可以先看看。如果有啥问题，再来问我呗。”

此时，李老师已经开始解决具体的问题，说明其态度已经有了很大的转变，小张的沟通已达到了预期效果，相关业务可以继续推进。

案例2　我听我领导的，其他的都不知道

小王的部门需要办一场规模比较大的线下客户活动，需要另一个部门的高主管安排几位技术老师去现场支持。小王来到了高主管的办公桌前，看到高主管正在电脑屏幕前打字，小王向高主管简单说了下情况，并请他安排几位技术老师提供支持。高主管此时连头都没抬，继续打着字，脸上毫无表情、冷冷地回答道："我听我部门领导的，你直接去和他说，我不管的。"小王顿时感觉像站在一座冰山前，明显感到一股强大的寒意袭来，人一下子就懵了，也不知道该如何沟通了。

其实，从对方的反应看，小王应该马上意识到高主管其实是在有意逃避责任，他把决策权交给上级，其实内心可能是怕担责任，同时也是想着如果由他的领导来拒绝，就可以避免自己亲自回绝。

所以，如何让对方认识到这是有共同利益的事情，是实现有效沟通的关键。

小王意识到高主管背后的真实用意后，用略带歉意的语气说："高主管，你们的工作确实很忙，看几位老师手头上的事也真是不少，还要来支持我们的工作，确实有些打乱你们的计划。"

高主管："可不是，你们这种大型活动，每次都要我们支持，我们哪有那么多时间啊！自己手头上的事都来不及做，加班加点

都来不及。”

（此时从高主管的语气，小王感觉到高主管的态度已经不那么冷漠了。虽然还是有抱怨，但明显开始了倾诉）

小王继续真诚地看着高主管，非常感激地说：“是啊，是啊！我一直觉得你们部门付出了很多。我们一直很感激你们部门，我们部门领导也一直在说，没有你们部门的鼎力支持，我们这样重量级的客户活动是根本搞不起来的。”

小王此时对高主管的部门表示感谢和肯定，让对方感受到，他们所做的贡献都被大家看见了，尤其还被公司高层领导知晓，他们的职业价值是可以在这些重要的活动中体现的。

高主管听到小王这样说，语气和态度已经有了很大的转变，说道：“反正，我们的工作就是支持各部门，也不是真的要邀功，你们能看到就好了。公司这么重要的客户活动，我们总归是要支持的，你先和我们领导说下，人员我先安排起来。”

小王通过把高主管所在部门的价值提升到一定高度，表明高主管部门的支持与公司重量级活动是否成功息息相关，让高主管也意识到了安排技术老师的重要性，所以就容易从创造共同价值的角度来实现有效沟通。其实，从高主管的角度来看，公司重量级的活动，技术人员是一定要去支持的，其实这也是分内工作，所以只要付出能被看到，尤其是能被公司高层或其他部门认可，当然是一项非常值得去做的工作。后面，小王与高主管的领导简单沟通了一下情况，为后续的跨部门协同打造了很好的人员关系基础。

徐贵阳

演讲教练、撰稿人
第四届国际商学院演讲赛（西北赛区）冠军
第十七届西安理工大学MBA暨专业学位联合会秘书长

突破式沟通让工作更顺利

我们几乎时时刻刻都要沟通，和同事沟通、和家人沟通、和朋友沟通，但是你真的会沟通吗？有没有过沟通半天，却发现鸡同鸭讲？有没有没达到目的、不欢而散的情况？

我们为什么要运用突破式沟通？就是因为无处不在的冲突。我们大多数人没有真正花时间、精力去琢磨自己的沟通模式，以为自己天生就会，我们的沟通模式都是从原生家庭学来的，比如原生家庭好讲道理，那么你长大后也会好讲道理；如果原生家庭的沟通模式是“我讲不过你，我就不理你了”，那么你长大后的沟通模式就是回避这件事，不愿意吵，也不愿意沟通。我们很多沟通模式就是这么习得的。那么我们应该怎么做才能实现高效的沟通呢？我们来看看几个真实案例。

案例 1

反面案例

公司某部门负责业主办理房屋产权证前期的资料收集业务，由于历史遗留问题，导致 10 年甚至 20 年过去了，还有部分业主未办理房屋产权证。下面是业主王先生和工作人员小张的对话。

王先生“咚”地推门进来：“你们部门怎么回事？要么打电话不接，要么电话里说话语气很冲。是你们失职，导致没给我们及时办理房屋产权证，你们说话态度还这么差！我现在就想问问，到底还要多长时间才能办下来？”

小张：“给不了你准确时间，以前的事我不太清楚原因，我也是刚来这个部门。”

王先生：“那你告诉我多久能办好？”

小张：“我不知道。”

王先生：“那你知道啥？”

小张：“……”

正面案例

王先生“咚”地推门进来：“你们部门怎么回事？要么打电话不接，要么电话里说话语气很冲。是你们失职，导致没给我们及时办理房屋产权证，你们说话态度还这么差！我现在就想问问，到底还要多长时间才能办下来？”

小张：“您好，确实不好意思（建立关系）。最近我们经常外出收集资料，很多时候办公室唯一接听电话的小张也被我们派出去帮忙啦。您消消气，没办理好房屋产权证确实让您很着急（同理心）。您先坐下，我给您倒杯水，您坐下来说一下您的具体情况，我帮您记录并且查询到底哪里出了问题……”（“先跟后带”法，先建立关系，厘清情绪，跟对方产生共鸣）

王先生：“我是某某区域某栋楼的业主，你给我看看到底有什么问题？”

小张：“好的，您稍等，我帮您查查。帮您查到了，咱们这栋楼的产权证，我们正在逐户电话通知业主收集资料，我看了您所在的楼层，按照我们的工作计划，会在下一次收集工作中统一收集。所以您别急，等这一部分办好了，下一个就是您所在的楼栋了。”

王先生：“那行，那行，感谢！到时候请电话提前通知我，谢谢你们！”

小张：“不用客气。”

以上沟通中，小张快速识别沟通中遇到的卡点，运用 5 步沟通策略，获得了良好的沟通效果。

案例 2

反面案例

李女士在我公司预定的定制款产品因为产品制作以及物流问题，一直未收到货。李女士等待许久，未收到物流消息，打电话来投诉我公司服务态度差。

李女士：“这件产品为什么一直没送到我手里？我已经付款很久了！”

我公司员工："产品制作确实有点慢，已经和您沟通过了，现在商品已经发出去了，催我们也没用，您在家里多等几天吧。"

李女士："你看看你们这态度，跟个大爷一样，我一定要投诉到集团公司那里去！"

正面案例

李女士："这件产品为什么一直没送到我手里？我已经付款很久了！"

我公司员工："李女士，您好！您的这件商品我们一直在持续跟进（同理心），您一直未收到商品，主要有两方面原因：一个是原材料问题，选料过程中出了些问题，我及时跟您沟通过了（还原事实）；再一个就是物流问题，您中途改了一次收货地址，所以现在的物流需要先配送到原来的地址再中转，所以时间会久一点。"

李女士："哦，原来是这样。"

我司员工："那我现在帮您确认最新的物流状态，最新的物流状态是……"

以上沟通中，安装了 3 道防火墙的第 1 道——效果比道理更重要。要关注自己的沟通目标，关注效果好不好，而不是说得对不对。

案例 3

反面案例

刘经理让下属小云做一期分享讲座，小云准备好演讲 PPT

后，提交给刘经理，刘经理简单指导之后，让小云修改，但是过了很久，都没见小云再次提交修改后的PPT。

刘经理："小云啊，上次的PPT改得怎么样啦？没见你再来和我讨论呢。"

小云："刘经理，真是谢谢您的指导！上次您指出错误之后，我当天就修改完成了，第二天就提交到了标兵分享负责人那里。"

刘经理："哈哈，你这效率真高，我还想着再怎么完善一下的。"

小云："我已经把您指出来的部分完善了，请您看我的最终表现吧。"

刘经理："……"

正面案例

刘经理："小云啊，上次的PPT改得怎么样啦？没见你再来和我讨论呢。"

小云："刘经理，真是谢谢您的指导！上次您指出错误之后，我当天就修改完成了（共情），第二天想再次与您商讨，但是您临时有事，去深圳出差了，而标兵分享负责人急着上交，所以我按照您的建议修改后，叫来了几位老员工帮我把关，讨论出了最终结果（效果比道理更重要）。"

刘经理："挺好的。"

小云："确定好后，我就把最终版发送到了您的邮箱（还原事实）。您刚出差回来，可能还没来得及看。如果您还有其他建议，我就把它加到演讲稿里面，麻烦您再帮我把把关！"

刘经理："好的，好的。"

以上沟通中，安装了第1道防火墙——效果比道理更重要。

案例 4

反面案例

小王有一个比较好的项目框架，想要在部门内部试行推广，提高大家的工作效率。但是他和其他小组的人不太熟，他决定从小林入手，小林是其他小组的同事，两个人经常一起吃饭。

小王："小林，最近怎么样？上次你和我吐槽的那个问题，你不是老觉得影响工作效率吗？我最近搭建了个框架，你看能不能在你们小组里推广一下？"

小林："上次那个问题啊？历史遗留问题了，解决起来麻烦。"

小王："确实不好搞，你要不要试试我的方法。"

小林："贸然引进一个框架，大家都不习惯，而且领导还没批准，这样做不好吧。"

（沟通没有考虑对方身份）

正面案例

小王："小林，最近怎么样？上次你和我吐槽的那个问题，你不是老觉得影响工作效率吗？我最近搭建了个框架，你看能不能在你们小组里推广一下？"

小林："哇，这么久的历史遗留问题你都能解决，你也太厉害了，领导那边批准了吗？"

小王："领导那边已经看过了，支持我做进一步的测试，现在先在你们小组进行测试，要是有问题立刻改正，到时候交差，还有你们小组的一份功劳!”

（还原事实，效果比道理更重要）

小林：“听起来不错，我回去就和小组人员商量一下，最近咱们找个时间先测试一下。”

以上沟通中，用到了5步沟通策略中的“建立关系”和“还原事实”，沟通效果良好。

案例5

反面案例

王明有一个技术上的问题，自己处理了三四个小时，加班加点都没有解决。现在已经到了下班时间，身边只有一个平常不太熟的同事老周，王明决定向老周请教一下。

王明：“老周，这么晚了还没走啊，现在有空吗？麻烦你帮我看看这个问题。”

老周：“这个问题很经典啊，解决了这个问题，你就能明白这个方案的核心逻辑了。”

王明：“看来在这个问题上下功夫果真没错!”

老周：“这个问题主要是方向上要注意并和，在考虑A的同时，要记得观察B的反应，一定要……”

王明：“我一直注意了这一点，但老是解决不好，你直接告诉我解决方法吧。”

老周：“建议你还是自己摸索一下，你的大方向是没有问题的，纠正C、D点的方向，很快就能解决了。”

王明：“……”

正面案例

王明："老周，这么晚了还没走啊，现在有空吗？麻烦你帮我看看这个问题。"

老周："这个问题很经典啊，解决了这个问题，你就能明白这个方案的核心逻辑了。"

王明："看来在这个问题下功夫果真没错！我已经尝试过 Z、X 方法，最终得出的结果是……（还原事实）我觉得这个问题主要是方向上要注意并和，在考虑 A 的同时，要记得观察 B 的反应，你觉得我的理解正确吗？（找到方法）麻烦你指正一下，还需要做哪方面的改动。"

老周："你离成功只差一步了，只要纠正 C、D 点的方向，很快就能解决了。"

王明："谢谢！我现在就试一下。"

以上沟通中，用到了 5 步沟通策略中的"还原事实"，沟通效果良好。

案例 6

反面案例

小李擅长用 Office 软件做表格，张琳最近正好有一个任务需要做大量表格，所以想得到小李的帮助，于是向小李发出求助。

张琳："小李，最近工作忙不忙啊？我手头有一项任务，需要做一些表格，你看看最近能不能帮忙做一些。"

小李："快到月底了，我比较忙，你找别人帮下忙吧。"

张琳："咱们办公室就你做得最好了，你肯定能很快搞定的，我现在把相关文件发你。"

小李："别，我最近真的忙，这个忙确实帮不了，你找找其他人吧。"

正面案例

张琳："小李，最近工作忙不忙啊？我需要做一个表格，你看看我的步骤对吗？"（建立关系）

小李："嗯，我看看你怎么操作的……没什么问题，就是这么做复杂了点，如果用 Z 方法会更好。"

张琳："那麻烦你演示一遍，我学习一下。怪不得大家都说咱们办公室就你做得最好，真是名不虚传！"（发掘价值）

小李："Z 方法，就是这样操作的。怎么样，是不是很快？"

张琳："确实方便多了，我手头有一项任务，需要做一些表格，按你的方法，肯定很快就能搞定，你真是帮大忙啦。"

小李："我这里还有一些常用的方法，你可以看一下，有不懂的随时来问我。"

以上沟通中，用到了 5 步沟通策略中的"建立关系"和"发掘价值"，沟通效果良好。

案例 7

反面案例

张琳这周三早上临时接到通知，需要到外地出差，但他周三早上约见了一个大客户王总，小张分身乏术，只能和王总联系取消见面。

张琳：“王总，您好！我是和您预约了今早见面的小张，不好意思，我临时接到通知，需要到外地出差。”

王总：“那我们今天的见面只能取消了，可是我的时间比较难约，下次见面只能等到下个月月中了，这样对咱们的合作有影响吧。”

张琳：“真不好意思，这次是真的脱不开身。”

王总：“那好吧，那我们的合作先暂缓吧。”

正面案例

小张：“王总，您好！我是和您预约了今早见面的小张，不好意思，我临时接到通知，需要到外地出差。”（还原事实）

王总：“那我们今天的见面只能取消了，可是我的时间比较难约，下次见面只能等到下个月月中了，这样对咱们的合作有影响吧。”

张琳：“这个您不用担心，我会提前和您的秘书联系，争取早日和您见面，聊一聊咱们下半年的合作。等我回来，第一时间找您赔罪！”（效果比道理更重要）

王总：“赔罪倒不至于，谁还没个要紧事呢！那你先忙你的事，咱们的合作先缓一缓，等你回来，咱们再细聊。”

以上沟通中，用到了5步沟通策略中的“还原事实”和3道防火墙中的第1道防火墙“效果比道理更重要”，沟通效果良好。

覃蔚隽

突破式沟通讲师
银行培训师
赋能成长践行者

银行网点团队内部沟通案例

银行一线网点是银行的命脉，网点人员少则 6 人，多则 20 来人，网点负责人带领着团队作战。现在的网点业绩压力极大，每年的任务都比上一年重，每项产品都是重点。网点麻雀虽小，五脏俱全，多个岗位，涉及多条业务线，各有职责。一个网点就是一个团队，内部管理和经营情况决定了这个团队整体的业绩、发展和效益。现在越来越重视网点的管理，也因为业绩指标压力大、人员轮岗或者调岗、职工年轻化，导致许多团队内部沟通存在问题。

我已经在银行培训和辅导了 10 来年，教授的课程是“小团队的管理和沟通”，主要协助解决银行网点团队管理问题和内部沟通问题，赋能团队成长。本案例通过一个网点的内部管理和沟通案例，试图给银行一线工作人员带来一些启发，在内部沟通遇到障碍的时候，可以使用突破式沟通的密码和工具，解决内部沟通问题，助力团队的管理和成长。

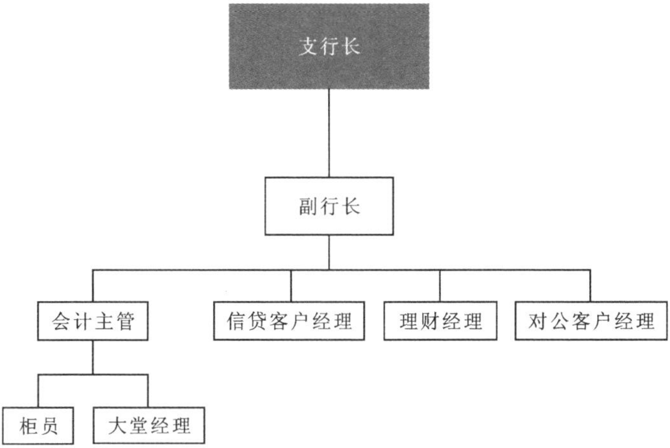

这是一个12人的银行网点，有1位支行长、1位副行长、1位会计主管、3位信贷客户经理、1位对公客户经理、1位理财经理、3个柜员、1位大堂经理。支行长是个年轻的男行长，“90后”，在多条业务线工作过，因为业绩出色，竞聘为网点负责人。

我给分行上了“小团队的管理和沟通”培训课，之后就是几个网点的辅导。

我见到这个团队时，他们正好在开周例会，支行长示意我在旁边谈话区的桌子旁边坐下。支行长继续开周例会，说：“你们每个人说一下上周的营销情况。”支行长望着所有人员，视线聚焦在最右边的一位女员工身上。

女员工抬头：“那我先说。”

支行长:“你说说今天为什么和客户吵了两次,上午一次,下午一次,还是和同一个人吵,吵得整个大厅都听见那个女客户在大叫。”

女员工:“那个客户坚持说我们扣了她的款。我已经跟她解释过了,我行只是代缴,她就是不信。后来她指着我骂,越骂越大声。我没理她啊。”

支行长说:“你性子太急躁了。我听到你跟客户的对话了,你说让客户回家问家人,你语气那么不好,客户能不生气吗?”

女员工坐正,音量提高:“她都指着我骂了,我都没出声,我已经尽量控制自己了,还不够吗?”

行长就望着女员工,一声不吭。

副行长说:“要不,小刘你先说一下上周的营销情况吧。”

等到例会结束,行长让我找副行长沟通,自己进了办公室。

从上面的对话来看,本来周例会是要员工汇报上周业绩情况的,但是支行长直接让柜员回顾当日与客户发生争执的事情,还和柜员争论了起来,最后,事情并没有解决。副行长只是打了个岔,把争论打断了,转而让员工汇报业绩。会议结束后,行长和员工的情绪都不好,行长甚至都不愿和我这个辅导老师沟通了。

接下来两周的辅导期,是在多个网点之间轮流辅导,我渐渐地和员工们熟悉起来了。

一个转岗没几天的客户经理找到我:“我可不可以跟你说说话?关于工作上的事,我很彷徨。”于是,我和这个姑娘找了间会客室坐下。把门关上后,她的脸都皱起来了:“老师,我刚转岗到信贷,对信贷完全不懂啊。他们一会儿让我顶一下大堂,一会儿让我跑一趟行里送材料,一会儿让我陪着去拍照,一会儿让我报报表，我都没有时间去研究我的工作。”我回答说：“哦，你一天下来，跑了不少地方啊。”客户经理说：“就是在瞎跑。”说着，客户经理握着拳头，用力地捶着笔记本：“都一个星期了，我什么都没学会，就在瞎忙。我现在一个客户都没有，我也不知道去哪找客户。别人问我信贷的问题，我都答不出来。问我需要哪些材料，我还要打电话问师傅。师傅还要忙他自己的事，哪有空理我？老师，我觉得我很没用。今天让我报报表，我不会填，我问其他人，他们扫了一眼，让我去找系统里面的数据。我找副行长，副行长说她现在没有空，让我下班后再来。我问其他同时跟我来行里的人，他们也不懂。我天天就这样问来问去。”说着，她眼睛红了：“我真的不想干了，每天都加班。我可以忍受加班，但是我什么都没学到。”

这位客户经理处在负面情绪之中，对自己不自信，觉得自己没用，也处在一个沟通死角里，有了局限性信念了。现在，得先解决她的情绪问题，接着处理她的局限性信念问题，最后帮助她找到方法。

我问客户经理：“你现在转岗一个星期了，觉得自己什么都没有学到，对吗？你希望转岗后能马上进入工作状态，但目前的情况和自己的期待不一样。你能不能描述一下你现在的感觉，觉得自己的状态怎么样？”客户经理说：“不好，很不好。”“可以具体说一下怎么不好吗？”“就是觉得自己没有用，很沮丧，很不开心，一来上班就不想动，老怕被叫去打杂。”“沮丧、不开心、害怕，这些词都是负面词。那你觉得，是这些负面情绪导致你不想工作，还是因为觉得自己原地踏步、不想工作导致产生这些情绪的？”客户经理想了想：“我觉得是因为自己没有长进，才有这些情绪的。”“你觉得这些情绪只有坏处?”“肯定的，肯定只有坏处，我都难受死了。”“想想看，在有难受、沮丧、不开心、害怕这些情绪的时候，你做了什么?”“我加班处理报表，然后听他们怎么处理业务，怎么和客户交流，我有空就去看他们准备材料。”“所以，虽然有这些情绪了，但是你没有停止脚步，没有一动不动，对吗? 所以这些负面情绪也有正面的意义。”

接下来，我带着客户经理处理她的情绪，使用“小飞侠”法。

“现在你闭上眼睛，深呼吸，放松，把注意力放在胸口，放慢呼吸。想象自己飞了起来，飞在了自己的上方，然后向下看自己，想象那个画面。看到那个画面，越来越清楚，你的心越来越平静。”

客户经理睁开眼睛，咳了几下，说想咳嗽。我问她：“抽离出来了吗? 看到了什么?”“刚开始飞不起来，后来深呼吸了好一阵子，才想象自己飞起来了。好奇怪啊，我坐在那里，背那么直，双脚紧紧地粘在地上。我都没发现。”

“现在觉得自己的情绪怎么样?”她感受了一下，深呼一口气，说：“好多了。我觉得我现在大脑好像一片空白。”这个时候，情绪调节基本到位。

“那好，现在我们继续聊一聊。你这一周做了好多工作，跑了好多地方，有没有收获?”客户经理往后靠着椅背，说：“他们带我上门调查，会问客户很多问题，其实就是在做信息收集和风险控制。拍照，选取拍照的内容、角度等，让客户签文件，其实也是在教我办业务。填报表，我在系统里面提取数据，那个系统是信贷系统。有一本手册，我自己摸索了，也看他们使用过，现

在会使用了。他们和客户沟通，打电话约客户见面，会让客户转介绍，添加客户的联系方式等。”她拍了一下大腿，声音变大：“其实也是在发展客户。”她有了微笑。“但是让我顶大堂，我不开心。”“所以，不全是负面情绪，也是有收获的。”

“有没有和支行长沟通过关于你成长和学习的事？有没有问过为什么要顶大堂呢？”“没有，行长太忙了，而且他要求很严格，一个朋友圈文案都要一审再审，我怕找了他，事情更多。”

这时候，会议室的门打开了，行长探头往里看。客户经理立马站起来：“老师，我之后再找你。”我悄悄地问她：“你的事，我可以和行长沟通一下吗？”“你帮我问问行长，但不要说我抱怨。”

行长走进来，坐了下来，说：“老师，不好意思，最近忙，很多会。”“没事，我理解，有了腾讯会议之后，会议更多了吧？”行长长叹一口气。

“老师，我真的太忙了，分身乏术。中午要开会，讲保险，一个个要去报保险储备，开完会就剩个 20 分钟眯会儿眼睛。下午4 点钟要开会，我一天都没法和客户经理去见客户，有些客户还必须由我去见。现在厅堂有投诉也找我，厅堂那边的人只会和客户争辩，你知道安抚客户有多难吗？去行里领东西也找我，他们几个这几天有多笔白名单贷款要受理。上周和对公单位约好要上门办批量业务，人员不够用，我也得去。叫理财经理建个群，客户拉进去之后，她连句‘欢迎进群’都不说。我看啊，过几天，人就退光了，这个群白建。刚才那个客户经理，什么都不会，也不见她勤提问。这帮人真的是一点都不给力。我问他们有什么需要我提供帮助的，个个沉默，不说话。问他们有什么意见，都说没意见。”

“行长，您和我说这些工作上的事情，是迫切地希望能解决这些问题。您担任行长，特别希望能管理好这个团队，大家拧成一股绳，更好地做业务。您刚才说到了很多方面，说明您关注到了很多事情，也注意到了您团队成员的种种反应。您是一位有责任心的行长。”

行长说：“可我不希望是现在这个局面啊。”

“像您说的，让理财经理建个群，理财经理除了建群，什么消息都不发，厅堂有投诉叫您去解决。您在这些事情发生的时候，心里是怎么想的？有什么感觉？”

行长想了想，说：“我当时想，这不是很基本的工作吗？他们自己完全可以处理，都工作这么多年了，还年年培训，理财经理被叫去各个地方培训多少次了，我们内部会议也不少，每个人的基本职责都讲了无数次了，结果他们还是不会做，太让我失望了。”

“行长，您看这样啊，刚才您提到的情况，我们做一下区分好吗？哪些是事实，哪些是演绎。您愿意尝试一下吗？这一周以来，我们几个支行不都在做沟通小游戏或者沟通尝试吗？这个也是。”

行长回忆了一下，点头。我继续说：“举个例子，事实就是这个会客室有 6 平方米，有 1 张圆桌、4 张椅子；演绎就是这个会客室不大，因为空间小，所以才选了这一套桌椅，节省空间。现在看来，这套桌椅确实适合放在这个会客室，坐起来既舒服，又好打理。这就是事实和演绎的区别。行长，您通过这个例子，能区分了吧？行长，刚才提到厅堂有投诉也找您，柜员只会和客户吵，您去安抚客户有多难，这是事实还是演绎？”

行长双手放在桌面上，眼睛盯着指尖，渐渐地双手五指分开，抬起眼睛说：“嗯，是演绎。理财经理那个也是演绎，新客户经理的也是演绎吧。这些全是演绎？”

“那如果同一件事情，换成事实是什么样的呢？”

行长抿了抿嘴，搓了一下手，十指交叉后放开，把腿上的包放在了旁边的椅子上，想了几分钟，说：“第一，厅堂起冲突的事情，我可以说，‘今天上午9点和下午2：30，你和同一个客户在柜台因为扣款一事吵起来，这样的情况以前出现过，你每次用2—3分钟就跟客户解释清楚了。这次和客户吵起来，可不可以告诉我是因为什么？’第二，理财经理建微信群，我可以和她说，‘小李，辛苦你把微信群建起来，建起来后把你的理财客户拉进去，然后在群里做自我介绍，发个小红包，告诉群里客户这个群的功能是什么。每天早上9点和下午6点要进群去看看有没有客户留言，每天早上7：30在群里发早上好的消息和金融知识。’第三，对新的客户经理小谢，我可以说，‘你刚转岗到客户经理，这是个新的尝试，你有什么需要我这边支持的？我会给你指派一些客户，你这周完成电话营销。我和你师傅确定一下，让他每天8：00和你一起制订一下工作计划，11：30的时候，用半个小时给你梳理一下业务，这样可以吗？’”

“行长，太好了，您做了很好的调整。那您看，刚才您提到的3个员工，他们在当时的情况下，会有什么样的情绪？我们可以试着想象一下。”

“这个可难为我了。柜员在客户和她吵的时候，应该是焦躁但克制的情绪。后来开例会的时候，我那样说，她是不是会觉得委屈？但老实讲，她个性确实急躁。理财经理应该是觉得没有重点。客户经理应该是无所适从。”

“行长，那您想想，当时他们几位有什么诉求和期望？”

“我想想。柜员在和客户吵的时候，她应该期待有人把客户带走。或者她觉得，这样的客户，明明已经跟她解释清楚了，她还在不停地纠缠，不能惯着她。后来开周例会的时候，她想说，出现那样的情况，她希望别的同事帮一下她，结果我只顾着指责她，她激动起来就争辩，整个会都没解决问题，她憋着火呢。理财经理希望建了微信群后得到明确的指示，她不想占用太多时间，因为电话营销和接待来访的客户已经占用了大量的时间。客户经理是新手，既有憧憬，又因为什么都不懂而彷徨。”

“是的，行长，很好，您清楚他们当时的期待。那有没有解决办法呢？”

“哎，我以为，我只要在外面跑客户，其他事情他们自己就能干好。”

“您觉得应该怎么解决这些问题，才可以放心地去跑业务？”

“首先，厅堂方面，会计主管不能只做风控、审核这些事，柜员培养、厅堂管理补位、维护厅堂秩序也是她的职责，我一直以为她懂的。但她这个人，一直怕得罪人，我得找她好好谈谈。其次，我给他们布置任务的时候，得和他们明确事项和数量。最后，副行长得负起责来，我得和她明确团队内部事务管理的分工。她这个人有畏难情绪，喜欢给自己找借口。咦，我又在演绎了吗？不过，我明白我该怎么做了。”

很多时候，银行网点内部沟通就像盲人摸象，每个人摸到的都只是大象的一部分。突破式沟通打破沟通障碍，采用 5 步沟通策略：建立关系—还原事实—厘清情绪—发掘价值—找到方法。突破式沟通让沟通畅通无阻，帮助团队提升了效率，获得了好的成绩。

言阅

陕西省某事业单位高级工程师
突破式沟通授权讲师
帆书（原樊登读书）演讲教练

中层领导向下沟通的技巧

说起沟通，人人都明白其重要性，然而，知道和做到之间还有一段遥远的距离。

从事技术工作已经十年的我，在早些年就知道沟通的重要性，但我万万没想到，自己差点因为沟通问题被赶出团队。项目的成功不仅仅依赖个人技能和专业知识，还依赖团队之间的高效沟通。

不注重效果的沟通

我负责技术报告的第三轮审核。

尽管已经通过了两轮审核，但技术人员小马提交的报告仍存在许多问题，于是，我将小马叫到身旁，一一指出问题，并退回给他修改。不到五分钟，小马提交了修改后的版本。然而，我发现他没有按要求修改到位，我不得不又指出小马的问题。

但小马再次修改，仍然修改不到位。我感到很无奈，只好让小马坐在身旁，逐字逐句地帮他修改。半个小时过去了，我终于完成了关键位置的修改，然后向小马展示自己的修改成果，还耐心地解释每个地方修改的原因，并强调了今后需要注意的问题。

本以为小马会表示感谢，并承诺以后认真修改，没承想，小马却轻轻地来了一句："可以出报告了吗?"语气里充满了不耐烦。

我压住心里的火："你再仔细看看，有没有前后不一致的地方，一并修改完后再出。"

小马不耐烦地回应："那你说具体哪里要改?"

我很不满地说："到底是你写报告，还是我写报告?"

小马反驳道："你审核的呀!"

我情绪激动地说："这么简单的报告，经过两轮的审核，居然还有这么多低级错误！你是怎么写报告的？有没有用脑子？前面两审是怎么审的，有没有用心？这报告不能出！退回去，重写！重新审!"

小马大哭，走出办公室。

在上述情境中，初为管理者的我，被小马的态度激怒，情绪失控。从道理上讲，我说得没错，经过多轮修改，报告依然存在很多低级错误，让人很难接受。

结果呢？我和小马的关系破裂了，而且后来一直没有得到修复。就报告而言，最终的呈现也不见得有多好，毕竟双方都带着情绪在工作。如果当时我学过突破式沟通，在大脑中装上一道防火墙——效果比道理更重要，对方可能更容易接受一些，沟通的效果也会更好一些。

安装防火墙后的沟通

在工作中，和同事的关系很重要。关系良好，沟通有效，工作才能顺利进行。后来，我开始注意自己的沟通方式。

刚刚接手部门管理工作不久，我就接到一项任务。我走出办公室，把这个任务安排给了老安。虽然叫他老安，但他也就比我大一岁。在安排工作时，隔壁部门的肖腊八也在现场，当时正在和老安聊天。我布置完任务后，肖腊八发问了："你为啥不自己做，非要安排给老安呢?"话语中有些开玩笑的意味，但老安当真了，也附和道："对呀，为啥安排给我?"

此时，我有些尴尬，随便找了个理由敷衍过去，然后灰溜溜地回到办公室。事后，我越想越气：在自己职权范围内安排本部门的工作，为何会受到质疑？一个来自外部门的人，凭什么在自己履职的时候，随意插话，甚至干涉部门事务？以后我还怎么管理部门？如果肖腊八总是这样怎么办？我的内心充斥着极度的不满和愤怒的情绪。不满是因为他的态度，愤怒是因为他影响到我的工作。他就是在挑战我的权威。

于是，我决定找肖腊八谈一次话。谈话之前，先安装好防火墙。

第 1 道防火墙——效果比道理更重要。注意，这里的效果需要"三赢"，即对他有利：帮助他认识到自己的局限性，告诉他给别人提意见的时候，可以使用更恰当的方式，减少别人对他的误会，从而使他在工作中表现得更专业；对我有利：不再有有损我权威的言语和行为，直接或间接地保障我的领导力；对部门有利：减少权力斗争所带来的内耗，从而提高工作效率。

第 2 道防火墙——情绪是信念的投影。为了控制好情绪，首先得转变信念。我重新思考了肖腊八的话，在其中找到了正面意图——也许他是为了提醒我，安排工作要公平；也许，他有好的建议想和我说。那么基于此，我就不会认为他在故意挑战我的权威，从而也就没有了由此引发的一系列不良情绪。

还有一步，需要定位好自己的身份。他是别的部门的员工，不归我管，但又影响了我的工作，我该以什么身份和他谈？我选定了“工作支持者”的身份，我给他提建议，帮他改进工作方式，从而支持他成为更专业的工作者。

有了这些准备，自己的气愤、窝火、不满、抱怨等情绪一下收了起来，谈话的心态也更加从容了。

我请肖腊八到自己的办公室，进行了下面的谈话。

我：“请你过来，是有件事要给你做个反馈。”（建立关系：我用了一个中性词“反馈”，而没有说我要批评你，这不会让对方反感）

肖腊八一脸懵地说：“啊？好。”

我开门见山地说：“今天上午，你在我们办公室，在我向老安布置工作后，你说‘你为啥不自己做，非要安排给老安呢?’而老安也附和你的观点。”（还原事实：讲出事实，没有夹杂任何观点和情绪）

他点了点头，我接着说：“也许当时你只是开玩笑，但这句话可能会让部门员工误以为部门领导分配工作不当，影响领导的权威，从而影响部门整体的工作安排。如果当时我回应你，可能会让你尴尬，但是，如果你没有注意到这个行为，哪天话传到你的领导或者我们共同的领导那里，他们也许会误以为你在干涉其他部门的事务，就可能会影响你在单位的形象。”（发掘价值：表达自己观点的时候，最终要落脚在对方的价值上，即跟他谈这件事是为他着想，帮他认识到问题所在，有利于他在单位的发展）

肖腊八认识到自己的错误后，我没有给他说话的机会，继续讲：“所以，今后请你在我布置工作的时候保持沉默，不要与我部门的员工讨论相关的事宜。如果真的有需要反馈的问题，请在事后私下找我单独谈，你觉得这样可以吗？”（找到方法：这种原则性问题，不用绕弯子，直接告诉对方你的诉求和要求对方做的事）

此时的肖腊八脸红到了耳根，很不好意思地说：“对不起，确实是我的错，当时没想那么多，保证以后不会这样了。”

沟通的关键在于还原事实。如果我一上来就说“今天上午你插手我们部门的事务，挑拨我和员工的关系”，结果会怎么样？对方肯定会反驳说：“我没有！你别诬陷我！你对我有偏见！”沟通的大门有可能就关闭了。而讲事实，会让对方难以否认。

还有一次，在开部门早会时，我在分配工作任务。当分到杨曼曼的时候，她突然说话了：“我手头事太多，这项工作完成不了，您分给别人吧。您总不能让我在做这项工作的时候，还要做其他工作吧？我只能干完一项工作，再干另一项工作。”

突如其来的一番话把我整懵了，心想：我开会分配任务呢，你当着大家的面说你干不了，还让我分给别人，这谁当领导呢？

而且咱这技术服务类工作，哪个不是穿插着干，哪还有干完第一个再干第二个的道理？怎么办？得和她谈谈。

来，安装防火墙——效果比道理更重要。“三赢”效果——对杨曼曼有利：认识到自身的局限，提升工作技能，提高工作效率，成为更专业的工作者；对我有利：安排下去的工作有人执行，维护我作为部门领导的权威；对部门有利：维持部门公平氛围，保持部门整体的执行力。

“没有冲突，只有不同观点。”我明确了一点：杨曼曼不是一定要在所有人面前拒绝执行，而是怕被强加任务，又担心自己能力不足，影响任务。本质上是对的，只是表达方法和时机错了。所以，我们之间并没有冲突，只是持有不同信念和观点罢了。

基于以上思考，我没有任何不良情绪。

早会后，我单独留下了杨曼曼：“关于刚才开会时分配工作的事情，我想做个反馈。”（明确谈话主题，依然使用中性词语“反馈”，避免情绪升级）

杨曼曼淡淡地回应：“嗯。”

我：“刚才我分配工作时，你当着所有人的面，说你手里事太多，完成不了这项工作，让我分给别人。（还原事实，避免争辩）这会让大家，尤其是新进部门的同事误以为，领导安排的工作是可以在开会的时候拒绝的，这不仅降低了领导的威信，同时削弱了部门的协同能力，影响到部门整体的工作态度和效率，而且也容易让别人误以为你工作能力不足，从而影响到你专业的工程师形象。”（讲出所有危害，最后谈到对对方的价值）

杨曼曼：“对，这点我也意识到了。在说完的时候，我也意识到了不该在这个时候说。”

我："如果真的完不成，可以在会后私下找我沟通，但不要在大家面前，可以吗？"（找到方法）

杨曼曼："好的。这个项目我确实完不成，您给我分的任务真的太多了，做不过来了。"（杨存在限制性信念）

我："你担心即使努力工作了，也不能按要求完成新的项目？"（我没有认同杨"完不成工作"的说法，也没有认同"给她分配的工作太多"，而是找到了限制性信念背后的正面意义"杨很努力地工作，担心不能按要求完成"）

杨曼曼："对呀，就是这个意思。我到时候完不成，误了甲方的事情，也影响单位形象，多不好呀。"（杨认可了正面意义）

我："你有为单位利益考虑的想法，这点真的很棒。（"跟"字诀。继续挖正面意义，并认可）只是，你也看到了，其实每个人手里，包括新来的年轻人手里，平均都有七八个项目，而你只有四个。"（还原事实，避免争辩）

"如果一个一个按顺序做，肯定是做不过来的。他们都是在第一个项目推进不了的时候，做第二个项目；在第二个项目等资料的时候，沟通第三个项目。这样穿插着推进项目。作为老同志，你也不希望年底的时候，自己的项目比新人少很多吧？年底工作总结，你咋总结呢？为什么不借鉴一下别人的经验，调整一下工作思路，让自己的工作更高效呢？"（指出对方信念的局限性）

"坦白地讲，这个项目是有些难，但是作为工程师的你，总得有点拿得出手的业绩吧。当然，在这个过程中，我会全力支持你，会考虑项目的复杂程度，再分配一些简单项目给你冲业绩。在这个项目中，遇到什么困难，我会让技术人员帮你。总之，你

来做项目，有问题咱们一起面对，好吗？”（找到方法）

杨曼曼鼓起勇气，说：“那我试试，资料在哪？我跟谁联系？”

又一次，我的沟通达到了预期的效果。

这里还有值得分享的一点：当中层领导面对下属的叫板、挑衅甚至人身攻击时，不要在所有人都在场的时候和下属沟通，以免事态扩大。同时，一定要控制好情绪，在你没有办法缓和对方情绪、和对方建立关系的时候，不要和对方沟通。

第五章
咨询和教练

张翠芬

美国NLP大学认证高级导师
ICC国际教练联盟授证国际教练导师
家族系统排列师

自我沟通，自我教练，自我疗愈

你与他人的关系就是你与自己的关系。

我们与他人的沟通效果如何取决于我们的内心世界。先搞好内在沟通，外在沟通才能顺畅。

我们很容易被别人的语言及行为影响，当别人的语言及行为伤害了我们的自尊时，我们就会失去理智，产生很多负面情绪，因此会影响我们与他人的沟通效果。

沟通时，自我的状态与情绪很重要，因为你外在的言行举止，恰恰来自你内心的感受和想法，所以，除了向外沟通以外，向内沟通也很重要。

当我们与别人沟通出现障碍时，如果能先自我沟通、自我教练、自我疗愈，调整好内在状态再向外沟通，沟通就会变得顺畅很多。

以下案例通过自我沟通，自己与自己对话，化解了困境。

案例 1

一天晚上，我一个人在夜市逛街，眼看就要下雨了，我就赶紧买了我想要买的东西，想赶在下雨之前离开夜市。也许是因为要下雨了，所以大家都走得很快，也很拥挤，突然前方的人停下来说我撞到他了，叫我小心一点。当我正在回想有没有撞到他的时候，他身边的朋友不分青红皂白地大声对我说："哎，你怎么撞到人不道歉呢？"当我看到这个人对我指手画脚还对我大骂时，我就很愤怒、很委屈。这时越来越多的人过来围观，我觉得很难堪，泪水忍不住流了下来，我战战兢兢地反驳对方："不是，我……我没有！"然后快速逃离了现场。

虽然我逃离了现场，但是我仍然感到很难过，对方的言行让我很生气，我更生气的是我为什么没有勇气直接反驳对方，为自己辩解，而是选择逃离。因为这根本不是我的错，情况还没搞清楚，我就被诬陷，我感觉很难受，我这么逃离不就表明是我的问题了吗？

到现在我对这件事情还耿耿于怀，为自己的懦弱无能而生气。为什么每次当我听到别人大声骂我的时候，我都不敢反驳呢？

事后，我的状态如下：

（1）为自己的懦弱和不敢反驳而生气。

（2）事情发生后不能释怀，影响了心情并开始怀疑自己。

化解方法

教练对话

（1）我怎么了？现在发生了什么事？我的情绪怎么了？

事发过后，我的情绪受到了影响，影响了我现在的生活。

（2）我的困境或者卡点是什么？

我不知道怎么面对这件事情，我不能释怀。

（3）有谁可以帮助我？过去我是怎么解决这类问题的？接下来我可以做些什么？

求助于咨询师、教练、家人、朋友，我可以先调整情绪，再说出来。

（4）谁具备智慧及能力应对以上困境？

智政学长。

（5）如果他面对这种困境会怎么做？

他在事情发生时会反驳，为自己辩解，事后也会快速地调整好自己的心情。

（6）①如果我现在 80 岁，回看我以前的沟通以及处理方式，我会怎么看待我自己？

我怎么这么被动？我怎么可以选择逃避？怎么这么懦弱！

②如果我现在 80 岁，我会告诉以前的自己怎么做？

我要先自我觉察，自己与自己沟通，先让自己冷静下来，再想接下来该怎么做。然后勇敢去面对，为自己澄清，不管面对什么回应都要接受，而不是被情绪带走。

我会告诉对方：第一，我没碰到你；第二，就算我碰到了你，也不该由你的朋友来指责我，他不是事主，没有权利指责我；第三，在你还没有搞清楚之前，请你不要随便指责别人，现在请你道歉。

事情已经发生了，接下来要去找解决方案，而不是停留在过去。

（7）总结找出了多少个方法及解决方案。

①先调整自己的情绪。

②勇敢去表达，说出自己想说的话。

（8）现在的感受有什么不同？

自我教练对话过后，我释怀了，不觉得委屈了，最主要的是把心中想要说的话说出来了。

（9）接下来会怎么做？

①这件事情已经过去了，要调整自己的情绪，而不是停留在事件所带来的伤痛中。要从这件事情中吸取教训，而不是自责。

②今后如果还有类似的事情发生，我会选择勇敢面对，去说出我想说的话。

案例 2

NLP 有一个前提：每个人都具备使自己成功、快乐的资源。

有位学生问："老师，那些有抑郁症以及想要自杀的人，是不是因为不具备使自己快乐的能力，所以才会选择自杀？"我的回答是："一个人想自杀，是当下他觉得没有其他的选择。在没有其他选择的情况下，他认为这是他最好的选择。他没有看到，其实他还有其他选择。"

这个案例中的群体面临这样的问题：负面的思维模式和心智模式，所以自我教练对话很重要。如果一个人通过自我教练对话，找到了更多的选择，他就不会选择自杀。

自我教练对话能帮助我们走出困境。在我们遇到沟通障碍的时候，可以进行自我教练对话。

化解办法

自我教练对话

(1) 我怎么了？现在发生了什么事？我的情绪怎么了？

我觉得自己活得太痛苦，太迷茫，我不知道该怎么办。

(2) 我的困境或者卡点是什么？

没有能力解决问题，我已经没有办法了。

(3) 有谁可以帮助我？过去我是怎么解决这类问题的？接下来我可以做些什么？

我不知道有谁可以帮助我，也许是我身边的朋友或者家人。以往我都是通过看书或者找朋友倾诉来解决的，接下来我不知道我可以做些什么，也许我可以寻求我的朋友或者家人的帮助。

(4) 谁具备智慧及能力应对以上困境？

特蕾莎修女。

(5) 如果她面对这种困境会怎么做？

特蕾莎修女会放下、释怀，去做更多有意义的事情，不会只把焦点放在自己的困境以及负面情绪上，她会积极地去寻找解决方案，同时把她的爱传递给有需要的人。

(6) ①如果我现在 80 岁，回看我以前的沟通以及处理方式，我会怎么看待我自己？

80 岁的我看到以前的我，会觉得自己是个笨蛋、傻子，怎么会用这样的方式来应对困境？

②如果我现在 80 岁，我会告诉以前的自己怎么做？

我现在正在经历的事情，有些人可能也在经历。我的痛苦，别人也有，但不同的是别人会去找解决方案，而不是逃避。现在我可以做的是：坦诚地面对自己的情绪、感受，去寻找身边可以帮助我的人，寻找更多的方法和资源。

（7）总结找出了多少个方法及解决方案。

①接纳自己的经历以及情绪、感受。

②不要总往负面方向去想，总觉得自己是最痛苦的，要看到自己所拥有的，而不是失去的或者没有的。

③看到自己的选择，我不是只有一个选择，还有很多事情可以做，不一定是为了自己，也可以为他人做事，我也有能力去帮助他人。

（8）现在的感受有什么不同？

平静，看到了希望。

（9）接下来会怎么做？

①调整心情，重新看到自己所拥有的，而不是自己失去的。

②找到自己的资源，我拥有什么资源可以帮助自己以及其他人，让自己活得有意义，学习特蕾莎修女的精神。

③过好每一天。

总结与行动步骤

每个人都可以通过自我教练对话、自我沟通来培养自我觉察能力。多做自我教练对话，让大脑形成一种习惯，转换信念，未来就会变得轻松，整个人的自我价值就会得到提升。

当你遇到自我沟通卡点时，首先停下来自我沉淀，用以上的教练对话把你的答案重新梳理一遍，形成一套新的自我对话模式，然后重新念一遍，闭上眼睛去感受你内心的变化及状态（重复两次）。

自我教练对话

自我教练对话提问	问题框架	突破式沟通密码
1. 我怎么了？现在发生了什么事？我的情绪怎么了？ 2. 我的困境或者卡点是什么？	1. 了解现状 2. 了解问题	［5 步沟通策略］ 1. 建立关系 （与自己建立关系） 2. 厘清情绪 3. 还原事实
3. 有谁可以帮助我？过去我是怎么解决这类问题的？接下来我可以做些什么？ 4. 谁具备智慧及能力应对以上困境？	3. 寻找资源 4. 寻找资源	

续表

自我教练对话提问	问题框架	突破式沟通密码
5. 如果他/她面对这种困境会怎么做？ 6. ①如果我现在80岁，回看我以前的沟通以及处理方式，我会怎么看待我自己？（在未来看现在） ②如果我现在80岁，我会告诉以前的自己怎么做？	5. NLP感知位置、NLP模仿 6. ①在未来看现在 ②在未来找资源、找方法	4. 发掘价值
7. 总结找出了多少个方法及解决方案	7. 多种选择	5. 找到方法
8. 现在的感受有什么不同？ 9. 接下来会怎么做？	8. 检测情绪转化 9. 重新行动，制订计划	[3个沟通死角，增加选择] 接纳情绪、调整情绪，转换信念，看到自己的价值（身份）

注：你可以按照不同情境以及需求，选择所需问题或者修改问题。这套自我教练对话的方法，除了可以用在自己身上，还可以用在别人身上，帮助别人走出困境。

季旭

帆书（原樊登读书）企业课程翻转师
青少年演讲沟通教练
一至九年级学科自主学习教练

突破式沟通教会我人生“三见”

沟通的 3 道防火墙犹如 3 条源代码

人生的旅程犹如复杂的体系，那些尝试用放之四海而皆准的沟通范式来解决所有沟通难题的人，最终都将失望。我不断学习各种沟通力课程，不断寻找沟通力的底层逻辑法则。

我看到海洋里的沙丁鱼群刹那间散开，刹那间又聚集，恍若梦幻般神奇，不由思考，是否有一个超强智能体在控制它们。然而，计算机专家仅用 3 条代码，便模拟出了这梦幻般的景象：①紧跟前面的鱼；②与两边的鱼保持等距离；③与前后的鱼保持等距离。

同理，对于人与人的沟通这样的复杂体系，如果有什么确保它正常进行的代码，我想应该也不会超过 3 条：①效果比道理更重要；②没有冲突，只有不同的观点；③情绪是信念的投影。

这 3 道沟通防火墙，如同咒语一样，当我们面对沟通困难时，总能给我们带来极大的定力，让我们仿若洞悉人生“三见”。

见自己：不忘初心，为爱沟通

“沟通，是心智模式的外显。”李珂老师的《突破式沟通：困难沟通，有沟必通》一书第一次征服我的，就是这句话。

正因为沟通并不简单，所以才需要全力钻研。我们常常说，人花三年学会了说话，却要花一辈子学会闭嘴。闭嘴不是目的，目的是不要做靠本能说话的沟通者。世界上的沟通者，分为四种人：

第一种人，一味地妥协退让，尊重了别人的需求，却忽视了自己的情感，我们称他们为“枯竭的苦行僧”。

第二种人，一味地博弈竞争，捍卫了自己的需求，却忽视了对方的情感，我们称他们为“自私的强权者”。

第三种人，看似与世无争，云淡风轻，实则面对爱情、事业、家庭中的冲突时经常逃避，我们称他们为“习得性无助者”。

第四种人，不忘初心，为爱沟通，他们兼顾自己和他人的需求，对合作的方式充满了想象力。

好的沟通者不逃避，他们珍视彼此的需求和情感；好的沟通者不独裁，他们懂得合作要尊重彼此。学习沟通，哪有什么万能的话术，心智模式才是我们需要改变的。

沟通是为了合作。我们断然不能被眼前的迷雾所蒙蔽，忘了我们沟通的初心。毕竟，效果比道理更重要。

辅导案例1：如何提涨薪？

提问者：“我在公司工作三年了，老板从来没提过加薪，我也不敢提，我是不是只能通过跳槽来提加薪呢？”（典型的习得性无助型沟通者，逃避沟通）

季教练：“你感到无助，为什么不敢提加薪呢？”（先“跟”情绪，探寻背后的信念）

提问者：“老板肯定会觉得给我的薪资够高了，他并不是一个大方的老板。”（掉入局限性信念的死角，主观臆断对方的想法）

季教练：“所以，他更希望合适的岗位给合适的薪酬对吗？你感觉他是一个精打细算的老板是吗？”（意义破框法，让提问者看到老板背后的信念以及身份后的价值——精打细算）

提问者：“没错，但是我这几年绩效还不错，团队成员对我也很认可。”

季教练：“你感到自己的价值并没有被看到，也没有给予更高的回报。你觉得这并不合理。老板如果给你更高的薪酬，他会获得什么呢？”（先跟他的信念，然后“带”，让他找到沟通中的价值）

提问者：“我会更加稳定，中层管理者频繁流失对他并没有好处。”

季教练：“更稳定的中层管理者对他而言意味着什么？如果失去了，会有什么后果呢？”（继续挖掘更大的沟通价值）

提问者：“如果失去了，他需要更多的时间选拔和培训出一个趁手的人，工作也会因此耽误一段时间。”

季教练：“你看到桌上的水果了吗？选一个代替你，选一个代替他，你们之间的身份关系是什么样的？”（帮助沟通者突破身份死角）

提问者：“他应该是这个大柚子，我是这个青枣，我很渺小。”

季教练：“所以你感觉自己只是他公司微不足道的一个人。如果不考虑现状，你希望自己是一个什么样的状态。重新选一下水果来代替你们。”（先跟信念，然后通过环境换框法，突破信念和身份的死角）

提问者：“我希望我是苹果，他是橙子。我们应该是一样大的，只不过我们各有不同。”

季教练：“所以，你现在是他的盟友，他也需要你。”（破除身份的死角，重新发现自己的价值）

提问者：“好的，季教练，我知道怎么跟他谈了。谢谢你！”

季教练：“恭喜你，突破了！好的沟通者应该能看到自己，也能看到什么才是自己想要的。”

见对方：人生困境，与谁和解

把我们困住的，不是别人，而是自己。

《活出生命的意义》的作者维克多·弗兰克尔在人间炼狱一样的奥斯威辛集中营看到，有的人活得犹如猪猡，有的人活得犹如圣徒。而少数被解救出来的人，他们明明已经拥有了新的生活，却依旧活在过去的牢笼里，最终也没能放过自己，忧愤而死。

我在辅导学员练习突破式沟通时，常常会问，如果是你，你会选择哪一种生活呢？是平静地拥抱新生活，还是愤愤不平地回忆过去？

情绪是红绿灯，是信念的投影。当我们意识到自己是一个成年人时，便实现了人生的第一次和解。

你看到了对方很愤怒，可你比他更愤怒。你是希望他内疚，还是希望自己成为更有力量的人呢？

你意识到愤怒背后是力量的缺失，可你本来就是一个有力量的人。如果此时你的力量不够，它是在哪里被消耗了呢？

你看到对方有情绪了，你选择接纳他们的情绪，觉察背后的信念，就像弗兰克尔接受已经发生的事情一样。你点点头，微笑着说："难怪你这么生气，我们看看有没有什么新的解决方法。"

毕竟，情绪只是信念的投影。

辅导案例 2：如何解雇员工？

提问者："季教练，我是人力资源部负责人，经常要面对棘手的解雇（劝退）谈话。如何能够顺利谈完，还不与对方撕破脸？"

季教练："非常好的愿望。在什么情况下，对方会跟你撕破脸呢？"（先跟情感和信念，再聚焦冲突背后不同的观点是什么）

提问者："当对方觉得不被尊重、遭受不公平待遇的时候吧。但是有的人执意索要赔偿，故意撕破脸怎么办？"（开始主观臆断，在假想中，已经把沟通对象放在了对立面）

季教练："他们会非常生气，对吗？为什么呢？"（帮助他厘清情绪背后的意义）

提问者："是的，他们生气是希望我们重视他们的权益，但是有些要求我们觉得很过分。"

季教练："除了索要赔偿，他们可能还有哪些需求？哪怕你

们给不了，也没有关系，你想一想。”（帮他找到对方渴求的多元价值、多种选择）

提问者：“他们希望我们肯定他们过去创造的价值，还有留下良好的口碑，他们也希望我们不要浪费他们的时间。”（提问者已经开始发现新价值）

季教练：“那么，如果他们生气，你可以做什么？”（继续厘清情绪背后的需求和正面意义）

提问者：“有时候，我也想好言相劝，不过对于一些无理取闹的人，我也容易被激怒。”

季教练：“愤怒是很常见的情绪。你渴望调动一些力量，尽可能地掌控眼前的局面，但是往往事与愿违，对吗？”（继续厘清情绪背后的正面意义）

提问者：“是的，我愤怒就是想掌控，但是掌控不了。”

季教练：“怎么让对方的愤怒慢慢平息呢？”（继续厘清情绪背后的正面意义）

提问者：“我懂了，让他感觉到他已经掌控了局面？比如我说，‘你放心，这事我帮你解决。’”

季教练：“很好，让他感觉掌控了局面，实际上你才是真正的掌控者。接下来呢？”（带他关注事实，寻求价值）

提问者：“我让他了解前因后果，陈述事实，让他看到双方可以合作。”

季教练：“非常好！这样既有100%的尊重，又做到了100%的坦诚，所以你们之间并没有冲突。”（强调没有冲突，只有不同观点）

提问者：“是的，公司虽然希望解雇时少支付赔偿金，但是我可以让他们感受到他们可以获得的其他价值。谢谢你，季教

练，我知道怎么进行解雇谈话了。”（发现价值后，自然找到方法）

季教练：“恭喜你，突破了！沟通让我们找到无限选择，看到我们最合适的位置。”

见众生：信念选择，缤纷世界

孔子到了晚年，说自己“六十而耳顺，七十而从心所欲，不逾矩”。所谓耳顺，就是心静如止水，任凭千言万语投进水面，都激不起任何波浪。看似是他历经了世事，开始变得圆滑了，开始“无可无不可了”，实则不然，这是一个人信念系统成熟的表现。

突破式沟通帮我们搬开局限性信念的石头，破除不恰当的身份定位的桎梏，见到众生相，看到这个世界的缤纷多彩。

辅导案例 3：如何要订单?

提问者：“季教练，为什么我面对关系维系得还不错的大客户，还是不敢要订单?导致我每到冲业绩的关口都冲不上去，业绩平平。我是不是不适合做销售?”

季教练：“所以你感觉很苦恼，你希望客户不等你开口，自己就帮你冲业绩是吗?”（先“跟”情绪，但点出他明显的信念偏差）

提问者：“当然不是这样的！我只是不知道自己为什么不敢要求大客户。”

季教练：“你不敢要求大客户，是因为你担心会让客户有损失对吗?”（继续“跟”对方的情绪，挖掘背后的信念）

提问者：“客户不会有损失呀，我们冲业绩是有优惠力度的，而且他们也需要采购了。”

季教练：“所以，你感觉有点不平等。你觉得自己有求于他们，但你不喜欢求人。”（继续“跟”对方的情绪，挖掘背后的信念、身份）

提问者：“是有这种感觉。为什么我这么敏感，我希望自己神经大条一点。”

季教练：“你们公司的使命是什么？”（帮对方“带”出价值）

提问者：“是科技、健康、未来！用高科技产品赋能人们的健康。”（对方找到了成交背后的价值）

季教练：“所以你跟大客户之间是什么关系？”（帮对方重新界定身份，从求人者变成了助人者）

提问者：“我提供解决方案，他们也需要我们的支持！我懂了，季教练，他们其实想知道我们的支持方案和销售需求。”

季教练：“恭喜你，突破了！在沟通中，意识到小我并不重要，重要的是意识到我能为对方做什么。”

致谢恩师：沟通是一辈子的修行

我在辞职创业的第一站，就到杭州见到了李珂老师，并在突破式沟通的课堂上度过了我三十四岁的生日。那时，我明白了，在沟通中，我们应该关注我们身份背后蕴藏的力量。

愿我们每个人掌握突破式沟通的方法，进入弘一法师的“人生三见”境界——见自己、见天地、见众生，最终成为更好的自己。

羊学姐

羚羊学长创始人
书画机构运营顾问
累计培训老师5000多名

教练的沟通哲学

过去在做企业私教辅导的过程中，我发现80%的问题都是内部关系的问题，而80%的关系问题都是沟通问题。很明显，沟通的最大障碍并不是因为信息不够明确，而是每个人内心里都有各种各样的期待，用说服别人按照自己意愿行事的方式去沟通，结果就是越难沟通就越不愿意沟通，越不愿意沟通，问题就越严重，并因此陷入恶性循环。

教培行业的老师有一个特点，就是一旦有了成绩就很容易居功自傲，会忽视平台提供的价值和保障，放大自己的功劳，因此，很容易对校长的管理不服气。还有合伙人因为意见不一致导致关系破裂。

广州佛山快乐书法机构的多多老师已经跟着陈校长干了三年

了，从机构创立开始到现在近两千人，他付出了很多努力，一直勤勤恳恳。后来，他被提拔到管理岗，工作量增加了不少。但工作不可能件件都做得完美周到，管理者更需要有担当，多多老师在自己的工作没有得到认可或者和陈校长意见不一致时，就开始心生抱怨了，从偶尔嘀咕几句到忍不住当着其他员工的面抱怨领导，频率越来越高。

这次，多多老师在痛痛快快抱怨完陈校长后，消息很快传到了陈校长的耳朵里。

如果你是陈校长，这个时候，你会怎么办？

我们可以设想以下三种场景。

场景一：毫不犹豫地训斥多多老师："你对我有意见，我已经听说过好几次了。当年要不是跟着我一路走过来，你会有今天？我给了你高薪，给了你职位，还有分红奖金，你还不满足？"然后一气之下，开了多多老师。

场景二：假装没听到，让他嘀咕，毕竟跟着我这么多年了，工作做得还可以，睁一只眼闭一只眼算了。家长认可他，万一他一个不高兴，带走学生，在旁边开一家机构，更难办。

场景三：找个时间和多多老师真诚地聊一下："你到底是怎么想的呢？如果你还想一起好好干，以后就别说这些话了；如果不想干了就直说，不要在这里传播负能量了。"

我们一起来设想一下多多老师会有什么反应。

场景一：不欢而散，多多老师觉得既尴尬又委屈，自己只是看不惯校长的一些行为，嘀咕了两句，又没做什么其他的事情，更没想过真要离开，但现在只能离职了。

陈校长呢，的确树立了校长的权威，但也失去了一位跟随自己多年且得力的老师，同时，其他老师会认为陈校长有点不念旧情，容不下不同意见，小肚鸡肠。

场景二：多多老师不满的时候抱怨得越来越起劲，部分老师也开始受到多多老师的负面影响，觉得多多老师劳苦功高，陈校长不应该这样做。老师唱反调的越多，企业越难管理，终有一天会激发更大的矛盾。

陈校长的“不作为”纵容了多多老师，其他老师因为信息的不对称听信了多多老师的话，陈校长的形象大打折扣，这影响了陈校长的权威。

场景三：多多老师慌乱地解释自己并没有这么说，也没有什么其他的想法。多多老师事后就去找到底是哪个老师告的状，以后不能和他深交了。

可是抱怨的习惯怎么会这么轻易就改变呢？多多老师在情绪来了的时候，依然控制不住自己说几句，只不过每次说之前都会嘱咐自己信得过的老师，让他千万不要说出去！

陈校长不再信任多多老师，虽然表面上不说什么，但重要的事情不再交给他，久而久之，两个人越走越远。

我相信这都不是陈校长或者多多老师想看到的结果。接下来，我们一起来看看，陈校长在经过辅导后，是怎么和多多老师沟通的。

陈校长找了个休息日，约多多老师一起去喝茶，茶过三巡以后，进行了以下对话。

（找一个环境好的地方沟通对于沟通来说是非常重要的。物理环境会影响心理环境，心理环境会影响沟通效果。这都是沟通开始前必须做的功课）

陈校长心平气和地说："听说最近你在骂我。"

多多老师的脸立马红了，刚想解释一句，陈校长继续说道："我知道我脾气也挺急的，有时候说话不好听，所以难免会被嘀咕两句，我老婆在家也总是说我。"

（第一句话一说出来，多多老师肯定觉得是自己做错了事，陈校长接着表示这件事情也有自己的原因，自己的老婆也老说自己，缓和了聊天的紧张氛围，让多多老师能够放松下来）

多多老师怯怯地回应道："我其实也不是骂你，就是上次那件事，我做那个方案做到凌晨三点，你直接就说方法行不通，要换一种，我当时觉得挺不舒服的，毕竟我熬了一晚上，好不容易赶出来。"

陈校长："是啊，你做到凌晨三点，熬了一晚上好不容易赶出来，我当场就说不行，要换一种，让你觉得挺不舒服的，你会觉得我没有尊重你的劳动成果。"

（复述对方的重点话语，并进行同理心回应）

多多老师："是啊，而且我当时还对那个方案特别满意。"

陈校长："这倒是，你肯定是觉得很满意才提出来的。你的方案还是挺大胆的，看得出来的确是花了很多心思。"

（"跟"对方的价值和信念）

多多老师："嗯嗯，我觉得这样在视觉上会吸引家长。"

陈校长："是的，家长会容易被吸引，你很有客户思维，毕竟我们做这种展示就是希望家长满意，看了以后觉得我们专业、高端，觉得我们做事用心，对吧？后面那一版，目前家长觉得如何？"

（继续跟，同时挖掘对方的价值，并引导多多老师关注效果）

多多老师：“是啊，是啊，后面的版本家长也觉得很好看，好评还是很多的，第一版有大面积的黑色，摆教室里可能没有那么合适。”

陈校长：“那就好啊，很多时候我并不是要大家都听我的，最后有效果就行。”

（不断引导多多老师说“是”，这是是否跟到位的一个重要信号。同时，强调做事都是为了效果）

多多老师：“嗯嗯，我明白了。”

陈校长：“其实你从机构成立时就跟着我，一直很拼，我都看在眼里。你干活干得也很多，你可以和我意见不一样，但嘀咕的时候如果被别人听到，你干了 7 分，最后大家只会认 5 分。同时，大家会觉得校长不是挺信任多多老师的吗？把那么多重要的事情都交给他，怎么多多老师还总骂陈校长呢？这会很影响你的威信。”

（注意到多多老师大概回复了“嗯嗯，是的”这类认同的话 3—5 次，且语气平和，就可以开始挖价值去带）

多多老师头微微低下，没有说话，陈校长继续说道：“而且你看，你在下面骂我，如果我以后还要提拔你的话，其他老师会怎么看我？人人都会提拔支持自己的人，我却提拔总是骂我的人，这样我很为难，是吧？你有事完全可以直接和我谈嘛。这个机构从成立到现在，我们一路这么辛苦地打拼过来，不就是想一起把机构做强做大吗？你说是不是？”

（把两个人从看似对立的立场一下子拉到同一阵线，并让多多老师意识到双方的利益一致，最后一个提问更是引导对方正向回复）

多多老师：“我懂了，校长，我知道以后该怎么做了。”

陈校长：“来，继续喝茶吧！”

沟通到此结束了，多多老师从此以后再也没有抱怨过陈校长了，他和陈校长也消除了近期的一些误会，两个人更加齐心协力地共事了。

坦白说，员工私下发泄对领导的不满，放在任何企业都是很常见的事，也许多多老师的看法有合理的地方，但只要说话场合不对、对象不对、身份没摆对，效果一定不好。

而作为管理者，管理的技巧就在于服人又服心，要重视和员工之间的深度沟通。多一分理解和包容，去倾听员工的心声，先解决员工的心理问题，再解决实际问题，让员工放下一时的情绪，以积极的状态投入工作，这样会增加员工对领导的信赖。

林锃

青少年演讲教练
职场沟通力培训师
婚礼主持人

如何引导孩子正确地面对困境？

我是一个青少年演讲教练。有一次，一个六年级的女学生雨婷找到我，当时她正处在市级演讲比赛只获得银奖的失落之中。我记得当时她在舞台上听点评时，都难过得哭了。为了备战一周后即将到来的市级朗诵比赛，她约了我上私教课，很认真地问我："老师，我很想拿特金奖，但不知道应该怎么去努力，您有什么好办法吗？"

当我听完她的话，我的内心突然有种"为师等你这句话很久了"的欣慰，立马就想拿出严师出高徒的姿态来指导她。首先得批评她在上次备赛环节准备得不充分，上台后太紧张，没有发挥出自己的水平，嘲讽她就这样的水平，怎么敢想拿特金奖。然后给出我的建议。最后安慰她，告诉她这只是一次比赛，来日方长，她很优秀，只不过这次没发挥好，让她振作起来。

我预感这样一连串的话想必会让她有转变，但仔细想想，这样说不但达不到目的，反而还会造成负面影响。

第一，会伤害学生的自尊心。本来雨婷因为没有获得自己期望的奖项而感到失落，我还指责、嘲讽她，对她无疑又是一次伤害，会让她对自己失去信心，甚至产生自责、自卑的心理。很多孩子在家长那里听到的大多都是批评，他们甚至认为改变现状的方法就是不断自我批评。

第二，给建议、讲道理会带来不好的效果。我们在生活当中经常说："那我建议你……""我觉得你可以……"当我提出建议的时候，在她听来就是我批评她，建议就是批评。

第三，影响师生间的关系。她之前对于比赛表现出来的态度都是无所谓、随缘，而现在她上小学六年级了，我观察到青春期的孩子开始慢慢成熟，想要变得更好的意愿开始显露，但这个时期的孩子是比较敏感的，沟通不顺畅容易让我与学生渐行渐远。

于是，我决定用突破式沟通进行这次辅导。

我："雨婷，我全程很认真地看了你的比赛，看到你在评委老师点评完后哭了，是不是感觉有点失落和难过？"

（回顾事实、回应情绪、建立联系，先跟）

雨婷："是啊，林老师，我知道自己可能练习得不够，上舞台的时候真的好紧张。有两次，我都差点忘词了，还好坚持讲完了，我要是真的忘词了，那就直接'社死'了，以后再也不敢上台了。"

（引导学生厘清内心真实的情绪，讲出来才会让内心释然）

我："是，我当时在现场，看你卡了一下想词，我的心也提到了嗓子眼。看到你接着讲下去直到结束，我才松口气，我相信你一定紧张‘死’了。”

（看见和陪伴、感同身受、带着同理心倾听，先跟）

雨婷：“老师，我决定下次比赛继续讲那篇稿件，现在我应该怎么做呢？”

（问怎么做的时候，先不着急给建议）

我：“雨婷，你知道吗？你刚才说你想要拿特金奖，老师其实挺欣慰的。看到你在舞台上一年比一年更放松，即使快忘词了也不受影响，说明你内心的坚韧度上了一个台阶。你说你想要拿更高的奖项，也说明你有了更高的目标，并想要为此努力，特别好！我会陪伴你一起实现你的愿望。”

（建立关系，回应信念、价值观，继续跟）

雨婷：“好的，林老师，我这次一定好好准备。”

（好好准备是学生自己说出来的，比老师告诉她好好准备来得有效，但是具体怎么准备还不清楚，继续问）

我：“我相信你。那我问你几个问题。”

（准备发掘目标和价值，后带）

我：“你的目标是特金奖。这个目标是试试看，还是一定要实现？”

（发掘出来的目标和价值要足够清晰，才能帮学生梳理出真正要实现的目标）

雨婷（思考片刻）：“一定要实现！”

（激发她对目标达成的意愿，而不是老师告诉她一定要努力。当她说一定要实现时，我再进行下一步）

我：“好的，特金奖一般的评分在9.6分以上、金奖9.5分、银奖 9.3 分、铜奖 9.2 分左右，你觉得你目前处于哪个水平?”

（分析现状，继续提问，发掘价值）

雨婷：“我这次比赛的得分是 9.335 分，就在银奖到金奖之间。如果发挥好一点的话，应该能得金奖。”

（还原事实、发掘价值）

我：“好的，那你觉得目前你跟特金奖之间的差距是什么?具体要怎么做才能弥补差距，我很想听你自己的分析。”

（分析现状，继续引导学生自己觉察，不给暗示）

雨婷：“第一点就是咬字，有些地方不够清楚；第二点是情感不够投入；第三点……（想了一会）作品中一些停连、重音的部分没处理好。”

（自我分析问题，还原事实，分析现状）

我：“很好，你分析得还挺到位，那接下来你打算怎么做?”

（讲得不完整或者讲得不对，也不评价。先表示认可，寻找方法，后带）

雨婷：“我打算今天上私教课时，让你帮我看看比赛的视频，然后把不够好的部分强化下，每天回去练习十遍。”

（这个十遍是她自己说出来的，而不是我要求的。找到方法，后带）

我：“还有吗?”

（继续提问）

雨婷（思考了一会）：“对了，再去看其他选手的视频进行学习，取长补短。”

（让她自己寻找更多的可执行方案）

我：“然后呢?”

（再次引导提问）

雨婷："老师，我每天挑一个我录得最好的视频发给你，你帮我点评下，这样我每天可以进步一点点，就可以冲击特金奖啦！"

（方案不宜过多，三个可执行的方案比十多个不可能执行的方案有效）

我："特别好，你的这个方案听起来挺不错的。我们来复盘上次的比赛。刚才讲的是你没做好的部分，有咬字、情感、重音等问题，那你觉得自己做得好的地方有哪些？"

（复述刚才她陈述的事实，引导意义换框）

雨婷："感觉什么都没有做好，发挥得很差。"

（依然关注的是负面价值。忍住，不评判）

我："如果非得说一个，你觉得是什么？"

（意义换框，引导觉察正面价值，后带）

雨婷："我觉得我手势做得还可以，保持微笑，咬字大部分还是不错的，就是个别字不好。然后就是忘词后没有放弃，做到了你平时教我的完成好过完美。"

（觉察到正面价值了）

我："我看到的也是这样。刚才你列出了一些接下来要改进的地方，如果给意愿打分（1—10 分），你有几分的意愿去改进？"

（发掘价值、找到方法后，调查意愿）

雨婷（思考了一会）："8—9 分吧。"

（如果不到 5 分，说明意愿不够强，需要回到第一步，重新梳理目标）

我："你想在什么时候开始这次蜕变之旅？"

（询问意愿，打算什么时候做）

雨婷："现在吧，老师，我有信心，让我们开始吧。"

（被辅导者有意愿和执行力，才是一次成功的辅导）

在一小时的上课过程中，我跟她梳理了比赛视频中暴露出的问题，雨婷记下了每一个重点。在一周的时间里，每晚我都收到了她的练习视频。看到她的决心，我预感她可以成功。

一周后，在"花样少年"市级比赛上，雨婷的作品《生如胡杨》拿到了六年级组唯一一个特金奖，跳过省赛直接晋级北京国赛，评委老师给予她充分的肯定。在台上，她不可思议地看着自己手里金灿灿的奖杯和证书。我知道雨婷的自信彻底建立了，她达成了目标。

当她拿着奖杯向我走来时，我笑着说："你让我骄傲，你做到了！"

总结

建立关系后，明确想要达成的目标

在这个咨询案例中，我合理地运用了突破式沟通"335 密码"中的 5 步沟通策略，先跟后带。

首先要明白效果比道理更重要。我帮学生梳理目标。讲道理、指责、评判、嘲讽、安慰都只是为了让孩子达成目标，如果当时我告诉雨婷应该怎么做，她的积极性不会那么高。

真正的目标能够让她有足够的动力去做事情，因此我们要懂得让孩子自己制定目标，从而使孩子的内在驱动力慢慢被激发出来。有了目标就有了动力，不需要父母说，孩子就会主动去做。而对于孩子制定的目标，父母要给予尊重和支持，这能够给予孩子最大的认可。

孩子需要的是引导而不是教导

很多孩子从小都是在家长的讲道理、唠叨、指责中长大的，所以很多孩子的自尊一直被打击，有坏毛病不想改，跟家长抬杠，指东打西。

生活中，当我们提建议时，经常会说“那我建议你……”“我觉得你可以……”“你为什么不这么做?”建议在孩子听来就是批评，所以在提建议时，我们不妨用提问的方法，它是唤醒孩子的内在动力的好方法。

通过提问和启发，帮助孩子深入思考

问题分为质疑式问题和启发式问题。什么是质疑式问题？比如，“你为什么不试试……”“你为什么不……”就是质疑式问题。什么是启发式问题呢？“有哪些方法?”“还有吗?”“然后呢?”“有什么可能性?”“在相似或者相同的情况下，你听过或者见过别人是怎么做的?”这就叫启发式问题。好的问题可以激发对方的责任感和对现实的觉知。

朱红

英语老师
高级心理咨询师
突破式沟通授权讲师

换一种身份开始新生活

背景：男方，北方人；女方，南方人。两人都是“85后”，均为大型公司高管，年入百万元。结婚一年半，女方怀孕三十周，申请离婚。

咨询师：朱红

双方进入婚姻辅导室，办公室氛围瞬间降到冰点。

（双方都带着很大的情绪来到这里）

咨询师：“今天来这里，你们希望我为你们做些什么？”

女方：“我都怀孕了，他还把他妈、他外婆接来家里住。因为相处不愉快，我都出血三次了，还去住院保胎了，他一点都不重视。”

（女方声音很大，带着很大的情绪看向男方，整个人立刻激

动起来。这种“甩锅式”沟通，特别容易引发争吵）

男方：“那就直接离婚好了，还来辅导啥？”

（男方神色立刻变得严肃。这种“撞墙式”沟通直接让谈话进入僵局）

咨询师（看着女方的眼睛）：“怀孕了，本来就蛮辛苦了，今天天气又热，情绪是很容易波动的，我们先喝口水。”

女方高耸的双肩有些舒缓。

（看着女方的眼睛，建立联结，与她的情绪共情。女方感受到情绪被理解，身体上有了放松）

咨询师（眼睛看向男方的眼睛，用柔和又平静的语气）：“今天，我作为一名家庭婚姻辅导师，既不会阻止你们离婚，也不会鼓励你们因为孩子继续生活在一起，而是想和你们聊聊为什么生活在一起这么不开心，梳理一下这段关系。”

男方的脸色从冷漠变得舒缓。

（看着男方的眼睛，建立联结，表明身份和身份的价值。男方感受到进入这个房间的意义，身体开始舒缓）

男方：“我们在一起一年半，一开始我们有聊不完的话题，有时候甚至彻夜长谈。结完婚，我发现两人不仅没话说，而且一说就吵架。我也在思考婚姻的意义是什么，我该如何经营好婚姻。”

咨询师：“是的。两个人因为彼此欣赏、爱，希望延续这份美好而走到一起。结完婚，幸福却并没有在生活中延续。我们经常说，结婚后躺在床上的明明是两个人，却要处理至少六个人的关系。”

（先跟后带，梳理关系）

女方（立刻插入话题，情绪随即激动）：“就是啊，我跟他妈不和。我爸妈都是宠着我的，但是他妈不仅总是用责骂的方式跟我说话，还要替我做主。我们结婚后，我自己的房子装修，我老公给我打了三十万装修款。他妈就认为这是她儿子出的钱，怎么装修就应该听她的。这是我家，以后是我和我老公住，当然要装成我喜欢的样子。”

咨询师：“是的，我们都希望住在按自己意愿设计的房子里，这样会觉得特别温馨和舒服。你的婆婆可能只是表达了她的观点，会不会你们只是观点不一样，其实彼此并没有冲突？”

（先同理，引入沟通 3 道防火墙中的 1 道——没有冲突，只有不同的观点）

女方：“怎么可能？她天生就是来跟我作对的。我去住院保胎，人已经很不舒服了，他妈别说照顾我了，还要打扰我。说我住院，要给我包个红包，就 2000 块。当时我在睡觉，非要把我叫醒给我红包。然后又数落我，说都是因为我吃素，没营养，所以要住院保胎。我打电话给我老公，他也不管。”

（情绪是信念的投影。在这个过程中，女方带着很多的主观臆断和婆婆相处，导致自己产生极大的情绪）

咨询师：“我听到你说，你去医院住院保胎，婆婆去医院看你，给你包了一个红包，然后由于彼此沟通不顺畅，你和婆婆之间发生了一些不愉快的事情。在自己比较虚弱的时候，又没有人陪伴你、倾听你，对吗？”

（复述女方的故事，还原事实，与她那一刻的感受共情，厘清情绪）

女方：“是的。我婆婆还做过更过分的事情。因为我老公的房子被他妈和他外婆住着，我就把我自己名下的房子装修了。因为做了阳光房被举报，所以经常要应对各种麻烦事，已经够烦了。婆婆带着他外婆去看了我那个在装修的房子，他外婆一走进去就说这个房子怎么怎么不好，不适合居住，叫我们马上卖掉。”

咨询师：“你怀着孕，不仅要照顾自己，还要管装修，出了事情还要处理，那真是蛮辛苦的。”

（复述女方的故事，还原事实，与她那一刻的感受共情，厘清情绪。有同理心，让她尽情倾诉）

咨询师：“我发现你对你老公妈妈的称呼变了，叫婆婆了。”

女方点点头，脸上也没有了之前的激动神色。

咨询师：“看到你怀着孕，为房子的装修又经历了那么多事情，婆婆就来你们的房子看看是不是可以协助你解决一些问题。只是，她和她妈妈的做事方式，你很不能理解，甚至不太接受，是这样的意思吗?”

（看见情绪背后的意图，去发掘婆婆行为的价值）

女方：“是的。”（语气里没有了之前那种气愤，趋于平静）

女方：“但是，老师，你看看他（指向自己的老公），我说到现在，他一句话都不说。平时和他说什么，他就是这种态度，不闻不问，每次我和他妈发生矛盾了，他从来都是问我证据是什么，从来不关心我。”

（女方再次情绪激动，眼泪开始哗哗掉下来。从婆媳关系转入夫妻关系，再一次“撞墙式”沟通）

咨询师递了纸巾和水杯过去。

咨询师：“女士，先擦下眼泪，喝一小口水。我们一起慢慢地深呼吸，吸气到腹部，再慢慢地吐气。反复做几次，让自己先平静下来，你肚子里还有一个可爱的小宝宝呢。”

（打断女方，让她平静下来）

咨询师非常平静地看向男方，男方似乎在沉思，对女方的哭诉并没有什么反应。

咨询师：“你老婆说你对婆媳之间的矛盾不闻不问，真的是这样吗？”

男方：“不是，是我无论怎么做，她都不满意。”

女方（立刻又激动起来）：“你做了啥？都做了啥？”

（夫妻之间的沟通不是“撞墙式”沟通就是“抬杠式”沟通）

咨询师用略带严肃的表情看向女方。

咨询师：“女士，我们一起听一听你老公的想法，好吗？”

女方安静下来，不说话了，然后咨询师示意男方继续。

男方：“听完你们的谈话，我先解释一下为什么说无论我做什么，她都不满意，再讲讲我的成长经历。

“2019 年，我在这里购买了一套房子，现月供 4000 多元。2020 年认识了她，很聊得来，2021 年就领了证。领证前，她也要买房子，付了首付后，她的贷款总额为 300 多万元，每月还贷 15000 元。领完证，打算生孩子，我就转给她 200 万元，这样一来，她每月还贷 5000 元，压力小一点，她也可以安心养胎。目前，我母亲和外婆住在我自己的房子里，我们就两边住，我自己那套上班住，周末去她那套住。为什么我让我母亲和外婆都住我房子里呢？因为我 2 岁时，父亲患重病去世了，我就在外公外婆家待到小学毕业。母亲二婚，又生了一个弟弟。说起来，我买房子时拿了母亲的钱。外公外婆也不是一直住，只是生病了暂时住我这里，我该尽孝心。听了你说的，我感觉自己可能站错了位置，沟通不顺畅，让大家都不开心。”

咨询师：“非常感谢你敞开心扉，让我知道了你的人生经历。是的，站对位置，说话、做事会轻松、愉快很多。”

（沟通死角之身份：你心中认定了自己是谁、对方是谁，决定了你对对方的态度以及沟通效果。男方扮演了母亲家一家之主的角色，站错了位置，沟通自然没有效果）

女方：“原来你小时候这么苦。”

（女方内心忽然变得柔软，理解了对方）

咨询师：“那你也聊聊你的成长经历。”（看向女方）

女方：“我在家排行最小，大姐大我 5 岁，二哥大我 2 岁。在家里，我爸都听我妈的，我妈在她的兄弟姐妹里也排老三，我那些舅舅都非常让着我妈，听我妈的。我在单位里是个领导，属下都听我的。”

咨询师：“结果偏偏嫁到了一个不听你的家庭里。你希望自己的伴侣像自己的父亲一样，你希望自己的婚姻像父母的婚姻一样，进入你熟悉的模式。”

（沟通死角之身份：对另一半投射了父亲的身份）

女方扑哧笑了，点点头。

男方：“说到模式，老师，我也不怕你笑话。我给她钱，提前还房贷，眼睛都没眨一下就转过去了，我也不是要表扬什么的，我就觉得我应该这么做。但是我对自己很抠，我现在虽然收入很不错，依然会去超市买打折的商品。我真的是穷怕了。”

女方听完，有种不可思议的感觉。

咨询师：“谢谢你敞开心扉！从今天开始，你愿意让自己过上轻松、快乐、幸福的生活吗？”

（沟通死角之信念：即使生活条件好了，我依然没资格过得好）

男方点点头。

咨询师："那你们还愿意看看对方吗？"

男女双方对望了一下。

咨询师："无论是分开还是在一起，我尊重你们最后的选择。首先要感谢对方陪伴自己走了人生这一程，我们对对方说，'谢谢你，对不起，请原谅，我爱你'。"

两人看着对方的眼睛，相互说完之后，女士流泪了。

最后，男方说："本来我今天打定主意要离婚的，孩子生下来的头几年，还是要跟着母亲生活，我就出抚养费好了。今天沟通后，我改变主意了，想要和她继续做夫妻，换一种身份，重新开始生活。"

女方也表示，要换一种沟通模式和对方相处，安心养胎并生下孩子。

最后，两人相拥而泣。

在表示感谢后，他们离开了咨询室。

李寒冰

医药零售连锁经营管理实战派
健康管理专家
副主任医师、药师

做好身份定位，成就美好人生

现在的物质极为丰富，人们的幸福感却似乎在走下坡路。越来越多的研究证实，决定人们是否幸福的关键因素不是智商或财富，而是人与自己的关系、人与人之间的关系，其中人与人之间的关系是否和谐尤为重要。

因为工作的关系，我经常会遇到沟通障碍造成人际关系紧张的案例。上周三，结束关于“做好身份定位，成就美好人生”的公益分享会后，已经是晚上八点半了，大多数参会者都快速离开了会场，只有一位穿着十分得体的中年女性时不时地看着我，一直在离我不远处走来走去，紧锁的眉头与黑眼圈反映了主人的忧心忡忡。看到我身边一直有人，她便一副欲言又止的样子，直到我整理好物品准备出门的那一刻，她才怯怯地问道：“寒冰老师，能不能单独和您聊一会，我有个难题想请教您。”

“当然可以了。”我点点头说。图书馆管理员说负一楼有个咖啡厅营业到晚上十点，现在顾客应该不多。经她安排，我和忧心女士（为保护当事人，我们用忧心女士指代当事人）来到了咖啡馆的一个角落坐了下来，看着图书管理员安排好座位后离开，忧心女士才打开了话匣子。

原来忧心女士是受总部委派，到本市一家新并购的大型连锁公司担任总经理的。这家被并购的公司是本地的一家老企业，由于老股东年事已高，便将公司交给了儿子打理，结果经营业绩持续下滑，不得不引进了外部投资人。外部投资人以 51%的股份控股，忧心女士就是空降到这家公司来当总经理的。

考虑到老股东儿子（以下简称小股东）在当地有较好的人脉资源，所以集团安排了小股东担任总经理助理，分管公共事务，薪酬比一般部门的负责人高，仅次于总经理。理论上，这位小股东需要向总经理汇报工作，并接受总经理的监督和考核，结果这位小股东不但不接受总经理的管理，反而多次当众与总经理唱反调，以老板的身份质疑总经理的经营决策。总经理考虑到团队的和谐，一直忍让着。到了这个月发工资的时候，小股东发现绩效考核被扣了几百块，一上班就怒气冲冲地到总经理办公室拍桌子开骂，指责总经理没有权力扣他的工资，并扬言要换掉忧心女士。尽管忧心女士据理力争，但双方仍没能达成共识，结果自然是不欢而散。办公室的一些老员工开始用异样的眼光看忧心女士，这对今后的工作开展十分不利，忧心女士感到压力很大，于是向我求助。

这是比较典型的沟通 3 死角问题，双方在情绪、信念、身份

3 方面都存在一些卡点，导致沟通无法达到预期效果。怎么帮助忧心女士摆脱这 3 个沟通死角呢？我环顾了一下四周，时间比较晚了，除了服务生，咖啡厅里只有我们两个顾客，我请服务生暂时不要来打扰我们之后，开始使用“换脑”对话法引导忧心女士。

我在过道上摆了 2 把椅子，请忧心女士坐在其中 1 把椅子上，让她深呼吸放松，闭上眼睛，引导她想象当时在办公室里，小股东坐在她的对面，让她回想一下当时自己的状态，如表情、动作、手的摆放位置、说了什么话、当时的感受是什么。随着我的引导，忧心女士的双肩开始微微地耸动，她用力抿着嘴，像是在努力克制着什么，我能从中看到她的压抑、难过甚至委屈，于是我尝试着说出了我所感受到的情绪：“当时你是不是觉得特别难受，甚至有些委屈？”我的话音刚落，忧心女士已经哇的一声哭了起来。服务生用关切的眼神看了看我，我朝他摆了摆手，示意他不用担心，然后拿了一些纸巾递给忧心女士，什么也没有说，只是静静地站在她的身旁陪伴着她。感觉她的情绪逐渐缓和之后，我才开口说道：“一个人来到一个陌生的城市，肩负着整个公司的重担，还被人误解和指责，换成是我，我也会觉得难受。”忧心女士听了之后，连连点头表示认同：“是啊，当时我觉得很无助，他是股东，是老板，连他都不理解我，也不顾及我的感受……”

“那你是不是很希望得到他的理解？”我继续尝试引导。

“那当然了，谁不希望获得别人的理解呢？”

“能不能请你回忆一下，曾经给予你无条件的信任、支持、理解的人都有哪些？”

“嗯……”忧心女士思考了一会，“严格来说，只有我的爸爸妈妈无条件地信任我、支持我。”

“那我是不是可以理解为你希望那位小股东像父母一样对待你?”

尽管看上去有些迟疑，忧心女士还是轻轻地点了点头。

“如果我们期望对方像父母一样对待我们，我们是把自己代入了什么角色?”

“孩子的角色。”

“听你介绍，你是这家公司正式任命的总经理。”我带着询问的眼神看着她。

“对，我是集团任命的总经理。”忧心女士用力地抬起了头，“我不应该把自己当作一个需要照顾的小孩子，我更不应该要求每一个人都像父母一样无条件地关爱自己。”

看着忧心女士坚定的目光，我知道她找到了自己正确的身份。

“你现在感觉怎么样?”

“我觉得我慢慢恢复了力量。”她握了握拳头说，“谢谢!”

谈到这里，我没有给她提供任何解决问题的方法，只是通过引导她回想当时的情境，感受她的情绪，适当地安抚之后，帮助她意识到当时身份的错位。当她意识到身份的错位之后，对应的信念和情绪也迅速得到了调整。

“那你想不想知道那位小股东当时是怎么想的?”我给了她一个鼓励的眼神，“这样或许能帮助你了解他的想法，选择更恰当的沟通方式来改善你俩之间的关系。”

忧心女士再次用力地点了点头。

我引导她站起来，到对面的椅子上坐下，再次请她闭上眼睛，回想一下当时小股东的表情、眼神、坐姿、手势，他当时说了些什么……

“我是股东！我才是你老板好不好！”忧心女士用手指着对面的椅子，大声地说道，“你是个打工的，要你来管我，还扣我工资，看我不……”她虽然闭着眼睛，我仍能感受到她情绪上的剧烈波动，于是我马上帮她抽离出来，扶着她站起来，并走到了一个能同时看到两把椅子的位置，让她慢慢睁开眼睛，谈一谈刚才她所感受到的小股东的情绪。

“我觉得他当时应该很气愤，可能觉得自己是老板，反而被我管着，是一种耻辱吧！”

“如果你是老板，被你的员工这样对待，你会怎么想？”

“估计我也会很生气吧！”忧心女士虽然嘴里说着很生气，却带着豁然释怀的表情，显然是换位思考让她理解了当时小股东的情绪来源。“是啊，他是老板，当然希望自己的权威获得大家的尊重，不然多没面子啊！”

“是的。”我点了点头表示认同，“不过，他除了老板的身份以外，是不是还有一个身份？”

“他在公司的职务是总经理助理，是我的下属。”

“据我所知，总经理助理是不能行使股东权利的。”

“嗯，他和我一样，在当时都扮演了错误的角色。”忧心女士很肯定地说。

“刚才我们已经体会到了小股东的情绪并理解了他情绪的由来，如果我们能帮助他调整一下身份的定位……”

在我鼓励的眼神下，忧心女士欢快地说道：“我知道怎么跟他沟通了，我可以……”

这时图书管理员正好回到了咖啡馆，和我们打了个招呼，看到忧心女士开心地笑着，与之前的她相比，像是换了一个人。他表情有些夸张地看了看忧心女士，又看了看我说：“这么快?”我抬头看了一下服务台上的时钟，才九点过五分。

不论是工作还是生活，沟通都是每个人的必修课，我也曾经为自己不善表达、糟糕的人际关系苦恼不已，上过很多沟通技巧课程，甚至背过不少所谓的经典话术，效果都不佳，直到接触了李珂老师讲授的国际版权课程“突破式沟通”。该课程从心理学和脑神经学的角度诠释了沟通背后的原理，通过识别并接纳情绪，寻找信念的正面意义，调整与摆正自己的身份，解决沟通难题。以前觉得难以解决的难题，现在看来都不能称之为问题，这或许就是突破式沟通的魅力所在。

当图书管理员还在惊讶于我沟通方式的神奇效果时，忧心女士已经预约了最近一期的专题小班课，抢着去咖啡馆买了单才离开。相较香浓可口的蓝山咖啡，我更倾心于融洽的人际关系所带来的愉悦。我将自己的身份定位为修行者与布道者，因为我始终相信，做好身份定位，一定能帮助我们成就美好人生。